VDI-TASCHENBÜCHER · T 45

Betriebswirtschaftslehre für Ingenieure
Herausgegeben von Prof. Dr. rer. pol. Herbert Vormbaum

Finanzierung und Investitionsrechnung

Dipl.-Kfm. Ralf Langguth
Dr. rer. pol. Hans Günter Rautenberg

Zweite, neubearbeitete Auflage

VDI-Verlag GmbH
Verlag des Vereins Deutscher Ingenieure · Düsseldorf

Titelaufnahme für eine Schrifttumkartei

DK 658.14.012

Langguth, Ralf, u. *Hans Günter Rautenberg*
Betriebswirtschaftslehre für Ingenieure.
Finanzierung und Investitionsrechnung.

Zweite, neubearbeitete Auflage

Hrsgg. v. *Herbert Vormbaum*

Düsseldorf: VDI-Verl. 1976. 89 S., 9 Bild., 13 Tab.

(VDI-Taschenbücher, T 45)

Printed in Germany

ISBN 3-18-403245-0

Vorwort des Herausgebers

Bei zahlreichen Kontakten mit technischen Führungskräften, die sich durch meine Lehrtätigkeit an der Rheinisch-Westfälischen Technischen Hochschule Aachen sowie durch Begegnungen mit Praktikern aller Branchen und Tätigkeitsbereiche ergaben, stieß ich immer wieder auf großes Interesse an betriebswirtschaftlichen Fragen. Dies läßt sich leicht dadurch erklären, daß auch die mit vorwiegend technischen Aufgaben betrauten Personen bei ihrer Arbeit häufig mit betriebswirtschaftlichen Problemen konfrontiert werden. Im Vordergrund stehen dabei Wirtschaftlichkeitsfragen im Fertigungsprozeß und bei der Planung und Durchführung von Investitionen, Fragen der betrieblichen Kostenrechnung, des Einsatzes und der Entlohnung der Arbeitskräfte, des Vertriebs insbesondere technischer Güter und dergleichen. Darüber hinaus zeigte sich vor allem bei dem immer größer werdenden Kreis jener Führungskräfte aller betrieblichen Ebenen, die zugleich mit technischen und wirtschaftlichen Aufgaben betraut sind, und stets auch bei den engagierten Nachwuchskräften lebhaftes Interesse an anderen Bereichen der Betriebswirtschaftslehre, wie etwa der Bilanz und der Erfolgsrechnung sowie der Finanzierung. Für den Nicht-Fachkundigen ist es jedoch bei dem heutigen Stand der Betriebswirtschaftslehre und dem großen Umfang betriebswirtschaftlichen Schrifttums schwierig, sich in die für den fachfremden Praktiker wichtigen Grundlagen und Grundbegriffe dieser Disziplin einzuarbeiten.

Diese Erkenntnisse und die in dieser Hinsicht vielfach an mich herangetragenen Wünsche veranlaßten mich, in sechs VDI-Taschenbüchern eine besondere „Betriebswirtschaftslehre für Ingenieure“ herauszugeben. Diese umfaßt alle Gebiete der Betriebswirtschaftslehre, die für die Tätigkeit der technischen Führungskraft relevant werden können, und ist als eine speziell auf die Belange dieses Personenkreises abgestimmte geschlossene Gesamtdarstellung konzipiert: Sie setzt keine wirtschaftswissenschaftlichen Kenntnisse voraus und vermittelt fundiertes betriebswirtschaftliches Grundlagenwissen sowie vertiefte Kenntnisse in den für den angesprochenen Leserkreis besonders wichtigen Gebieten. Sie ist darüber hinaus auch für den Studenten der Wirtschaftswissenschaften als Einführungslektüre bestimmt.

Die Betriebswirtschaftslehre für Ingenieure ist in folgende Bände gegliedert:

Grundlagen und Grundbegriffe der Betriebswirtschaftslehre
(VDI-Taschenbücher · T 42)

Materialwirtschaft, Produktion und Personalwesen
(VDI-Taschenbücher · T 43)

Grundlagen und Grundbegriffe des Marketing
(VDI-Taschenbücher · T 44)

Finanzierung und Investitionsrechnung
(VDI-Taschenbücher · T 45)

Bilanzierung und Erfolgsrechnung
(VDI-Taschenbücher · T 46)

Industrielle Kostenrechnung
(VDI-Taschenbücher · T 47)

Es wird bewußt eine für den Nicht-Fachkundigen verständliche, einfache Darstellungsform gewählt und darauf geachtet, daß durch Verweise innerhalb der verschiedenen Bände der Gesamtzusammenhang stets deutlich bleibt, jeder Band aber dennoch ein in sich geschlossenes, selbständiges Werk darstellt. Durch Rückgriff an vielen Stellen auf langjährig erprobte Darstellungsweisen hoffe ich, zusammen mit den Verfassern der Beiträge, die z.T. schon lange meine Mitarbeiter sind, auch methodisch den geeigneten Weg gefunden zu haben.

Der Band T 47 enthält für alle sechs Taschenbücher ein Gesamtsachwortverzeichnis, so daß dem Benutzer die Möglichkeit gegeben ist, das Gesamtwerk zugleich als Nachschlagewerk zu verwenden.

Aachen, im April 1973 *Herbert Vormbaum*

Vorwort der Verfasser zur zweiten Auflage

Der vorliegende Band der VDI-Taschenbücher Betriebswirtschaftslehre für Ingenieure gibt eine Einführung in die Problemkreise Finanzierung und Investitionsrechnung. Dabei sind im Bereich der Finanzierung außer den für jede Verständigung im Fachgespräch wichtigen begrifflichen Grundlagen vor allem die theoretisch und praktisch gleichermaßen elementare Problematik des finanzwirtschaftlichen Gleichgewichts und die Vielzahl der Finanzierungsmöglichkeiten dargestellt, wobei auch auf neuere Gestaltungsformen eingegangen wird. Der anschließende Teil enthält eine fundierte und mit einfachen Beispielen illustrierte Einführung in alle Formen der Investitionsrechnung, die Verständnis für die zahlreichen komplizierten Probleme dieser Entscheidungsfälle und die richtigen Lösungswege vermittelt.

Obwohl sich manche Anregung zur Veränderung oder Ergänzung der nun vorliegenden zweiten Auflage ergeben hat, wurde bewußt darauf verzichtet, weitere Details und umfangreichere Investitionsrechnungsmodelle darzustellen, um den Charakter einer Einführung nicht zu sprengen. Wir haben uns daher bei der Bearbeitung auf geringfügige Korrekturen und einige Klarstellungen beschränkt.

Aachen, im Oktober 1975

Ralf Langguth
Hans-Günter Rautenberg

Inhalt

Seite

1. Finanzierung

1.1. Begriffliche Grundlagen der Finanzierungslehre

1.1.1. Der Finanzierungsbegriff

Unter Finanzierung verstehen wir alle Vorgänge, die der Versorgung des Betriebes mit disponiblem (für unternehmerische Entscheidungen zur Verfügung stehendem) Kapital und der optimalen Strukturierung des Kapitals dienen.

Dieser Begriff umfaßt also

Kapitalbeschaffung,
Kapitalabfluß,
Kapitalumschichtung und
Kapitalfreisetzung.

Finanzierungsvorgänge können sich demnach in der Bilanz als

- Bilanzverlängerung (Vergrößerung von Aktiv- und Passivseite),
- Bilanzverkürzung (Verminderung von Aktiv- und Passivseite),
- Passivtausch (Umstrukturierung der Passivseite),
- Aktivtausch (Umstrukturierung der Aktivseite)

auswirken.

Frage

1. Welche realen Vorgänge können als Beispiele für diese vier Formen von Finanzierungsvorgängen angesehen werden?

Dabei muß auf die Umstrukturierungen der Aktivseite besonders eingegangen werden, da nur ein Teil dieser Vorgänge Finanzierungsvorgänge sind:

Unter den Umstrukturierungen der Aktivseite finden sich nämlich

- Investitionsvorgänge,
- Vorgänge, die sich unmittelbar aus dem betrieblichen Leistungsprozeß ergeben und
- Finanzierungsvorgänge.

Es kommt also darauf an, von welcher Art die Umstrukturierung ist:

Investieren, also das Anlegen von vorhandenen Geldmitteln, ist der Gegensatz zum Finanzieren. Dabei denkt man beim Begriff Investieren vorwiegend an die Geldanlage durch Anschaffung von Produktionsanlagen; im weiteren Sinn ist aber auch die Anlage durch Beschaffung von Rohstoffen, Hilfsstoffen usw. als Investition anzusehen. Investitionen sind mit einem Aktivtausch verbunden, bei dem liquide Mittel in weniger gut liquidierbare Vermögensbestandteile verwandelt werden.

Vorgänge, die bilanziell einen Aktivtausch darstellen, gibt es auch im normalen betrieblichen Leistungs- und Umsatzprozeß, z.B. die Verarbeitung von Roh- und Hilfsstoffen zu Fabrikaten oder der Verkauf von fertigen Erzeugnissen, bei dem an die Stelle des aktivierten Erzeugnisses eine Forderung oder ein Zahlungsmittelzufluß tritt. Auch solche sich aus dem betrieblichen Prozeß zwangsläufig ergebenden Umstrukturierungen des Vermögens sind nicht als Finanzierungsvorgänge anzusehen, da sie entweder kein Kapital freisetzen oder das freigesetzte Kapital sofort wieder im betrieblichen Kreislauf benötigt wird, um die Beschaffung von Rohstoffen usw. für die folgende Produktion zu ermöglichen.

Neben diesen beiden Formen von Vermögensumstrukturierungen gibt es noch eine dritte Form; nur diese ist als Finanzierungsvorgang anzusehen. Sie unterscheidet sich von den anderen Vermögensdispositionen dadurch, daß dabei stets Kapital freigesetzt, d.h. in liquide Form transformiert wird, daß sie aus finanzwirtschaftlichen Erwägungen heraus eingeleitet wird und daß das dabei freigesetzte Kapital nicht sofort wieder im betrieblichen Kreislauf benötigt wird, sondern als frei disponibles Kapital für Anlageentscheidungen zur Verfügung steht.

Diese Art von Vermögensdispositionen wird als Finanzierung angesehen, weil in der Praxis beim Verkauf nicht betriebsnotwendiger Vermögensteile oder bei der *Finanzierung aus Abschreibungen* schon von Finanzierung gesprochen wird und weil diese Vorgänge in der betrieblichen Finanzierungspraxis einen wesentlichen Beitrag zur Kapitalversorgung leisten können. Letztlich kommt es ja nicht auf eine quantitativ ausreichende Kapitalausstattung an, sondern auf die Bereitstellung des disponiblen Kapitals, das Grundlage für die Beschaffung der benötigten Vermögensgegenstände ist.

Die an die Bereitstellung des disponiblen Kapitals anschließende Investition ist jedoch eine reine Vermögensdisposition, die mit Finanzierung nichts mehr zu tun hat. Lediglich wenn die Versorgung des Betriebes mit Kapital und die Bereitstellung des benötigten Vermögensteiles in einem Vorgang erfolgen (Sacheinlage), lassen sich der Finanzierungs- und der Investitionsvorgang nicht mehr klar trennen. Deshalb liegen hier besondere Fälle der Finanzierung vor (Finanzierung durch Sachkapital).

Bild 1 verdeutlicht noch einmal, was zu den Finanzierungsvorgängen gehört.

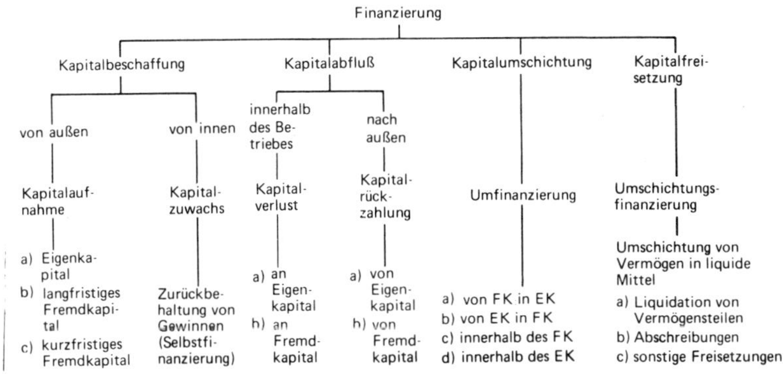

Bild 1

In diesem Buch werden allerdings nur allgemeine Grundprobleme der Finanzierung sowie die zentralen Fragen von Kapitalbedarf und Kapitalbedarfsdeckung behandelt; Kapitalumschichtung und Kapitalabfluß sind demnach ausgeklammert.

1.1.2. Die Arten der Finanzierung

Nach der beabsichtigten Dauer der Kapitalaufnahme unterscheidet man kurz-, mittel- und langfristige Finanzierung. Dabei ist nicht nur die rechtliche Überlassungsdauer, sondern auch die tatsächlich beabsichtigte Überlassungsdauer zu beachten. Kontokorrentkredite z.B. werden formal kurzfristig eingeräumt, haben aber z.T. mittel- und langfristigen Charakter, da es üblich ist, sie ständig zu prolongieren. Wenn langfristige Darlehen vom Kapitalgeber gekündigt werden können, sind sie wie mittelfristige Finanzierungsmittel anzusehen. Eine genaue Abgrenzung ist auch hinsichtlich der Fristen nicht möglich. Kurzfristige Finanzierung liegt etwa bei Laufzeiten bis sechs oder zwölf Monaten vor; längere Laufzeiten bis zu etwa vier Jahren gelten als mittelfristig, was darüber hinausgeht, gilt als langfristige Finanzierung. Die vom Kapitalgeber beabsichtigte Überlassungsdauer kann auch von der geplanten Inanspruchnahme durch den Betrieb verschieden sein. In solchen Fällen kann z.B. ein Wertpapier die Transformationsfunktion übernehmen. So wird z.B. durch die Aktie erreicht, daß der Gesellschaft dauerhaft unkündbares Eigenkapital zur Verfügung steht, während die Aktionäre sich nur auf gewisse Zeit an der Unternehmung beteiligen wollen und danach ihr Kapital durch Verkauf ihrer Aktie an der Börse freisetzen; auch Finanzmakler können die Transformation der Fristigkeit vornehmen (Revolving-Kredite).

Nach dem Finanzierungsanlaß kann man Gründungs- und Erweiterungsfinanzierung, Umfinanzierung, Kapitalherabsetzung etc. unterscheiden. Die meisten Finanzierungsvorgänge werden jedoch außerhalb dieser besonderen Anlässe, den normalen Geschäftsgang begleitend, abgewickelt. Eine Sonderform ist die Finanzierung einzelner Geschäfte, die besonders im Außenhandel und bei großen Baumaßnahmen durchgeführt wird, wenn es nicht lohnt, ständig das Kapital für so große Vorhaben bereitzuhalten.

Von grundsätzlicher Bedeutung sind die folgenden Unterscheidungen:

Man unterscheidet *Eigenfinanzierung* und *Fremdfinanzierung*, je nachdem, ob dem Betrieb Eigenkapital oder Fremdkapital zugeführt wird.

Eigenkapital ist das vom Unternehmer oder den Gesellschaftern gegebene Kapital, für das kein Anspruch auf festen Zins und Rückzahlung des Kapitalbetrages besteht, sondern dem statt dessen Anspruch auf den Erfolg und Teilnahme am Liquidationserlös eingeräumt wird. Es ist in der Regel dauerhaft dem Betrieb zur Verfügung gestellt. Fremdkapital dagegen wird dem Betrieb für bestimmte Zeit zur Verfügung gestellt und ist danach zurückzuzahlen. In der Regel wird ein fester Zins vereinbart.

Beide Kapitalarten können vom Betrieb gleichermaßen für seine Zwecke (z.B. Produktion und Absatz von Gütern in der Industrie) eingesetzt werden. Neben dieser Arbeitsfunktion hat das Eigenkapital nach den gesetzlichen Vorschriften jedoch eine Voraushaftungsfunktion: es hat Verluste zu tragen. Erst wenn das Eigenkapital aufgezehrt ist, treffen Verluste die Fremdkapitalgeber.

Nach der Herkunft der Mittel unterscheidet man verschiedene Arten der Kapitalbeschaffung. Bei *Außenfinanzierung* werden dem Betrieb neue Mittel von außen zugeführt; bei *Innenfinanzierung* werden die neuen Mittel im Betrieb selbst erwirtschaftet oder freigesetzt.

Die folgende Darstellung, Bild 2, verdeutlicht die Beziehungen dieser beiden Begriffspaare und führt weitere Unterbegriffe ein.

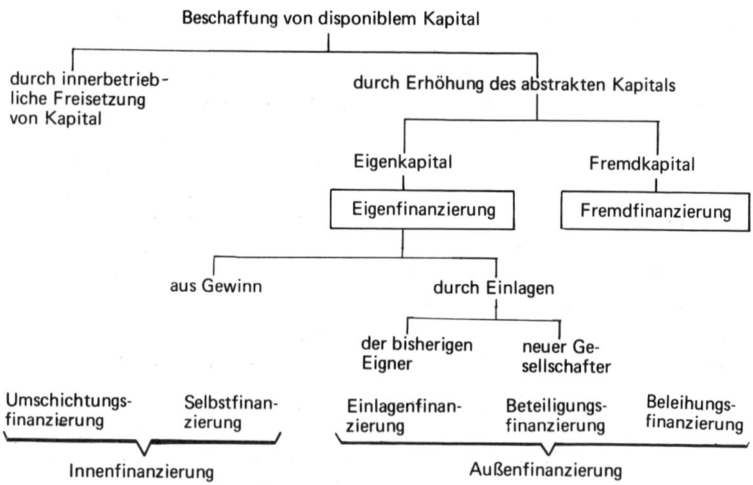

Bild 2

Diese Übersicht stellt allerdings nicht das ganze Feld möglicher Finanzierungsmaßnahmen dar, da sie nur auf die Beschaffung von disponiblem Kapital beschränkt ist.

1.2. Das finanzwirtschaftliche Gleichgewicht

1.2.1. Allgemeine Überlegungen

Bei allen finanzwirtschaftlichen Dispositionen des Betriebes müssen zunächst stets die Auswirkungen auf die betriebliche Liquidität beobachtet werden, denn die Wahrung der Liquidität ist die primäre Aufgabe der betrieblichen Finanzwirtschaft; nachhaltige Illiquidität führt zum Zusammenbruch des Betriebes.

Neben der Liquidität muß aber auch vom finanzwirtschaftlichen Bereich die oberste Zielsetzung des Betriebes beachtet werden, z.B. Gewinn- oder Rentabilitätsmaximierung, denn wie die Produktion und der Absatz eines Betriebes kann auch der Finanzbereich einen eigenen Beitrag zur Erreichung des Betriebszieles leisten. Das hat dazu geführt, daß man oft sogar von einem allgemeinen Spannungsfeld von Liquidität einerseits und Rentabilität andererseits spricht, innerhalb dessen alle finanzwirtschaftlichen Maßnahmen durchgeführt werden müssen.

Von einer optimalen Gestaltung im Finanzbereich kann dementsprechend erst gesprochen werden, wenn sowohl der betrieblichen Zielsetzung, z.B. Rentabilitätsmaximierung, genügt wird, als auch die Liquidität gesichert ist. Diese Situation, in der alle betrieblichen Erfordernisse an den Finanzbereich erfüllt sind, so daß dem Betrieb bei der Realisation seiner Ziele keine Hindernisse entgegenstehen, heißt das *finanzwirtschaftliche Gleichgewicht.*

Rentabilitäts- und Liquiditätsaspekte des finanzwirtschaftlichen Gleichgewichts werden im folgenden dargestellt.

Frage

2. Warum spricht man unter den angegebenen Bedingungen von einem finanzwirtschaftlichen Gleichgewicht?

1.2.2. Rentabilitätsaspekte

Das grundlegende Phänomen bei der Betrachtung der Rentabilitätsaspekte ist der *Leverage-Effekt* (Hebelwirkungs-Effekt).

Wie kann es geschehen, daß die Rentabilität des Eigenkapitals, auf die es den Inhabern der Unternehmung ankommt, höher ist als die Rentabilität des Gesamtkapitals? Tabelle 1 zeigt den Zusammenhang.

Der Betrieb arbeitet zunächst (Alternative 1) nur mit Eigenkapital; er erwirtschaftet dadurch einen Bruttogewinn oder Sachzins (Gewinn vor Abzug des Zinsaufwandes für das Fremdkapital) von 10 % des eingesetzten Kapitals (Rentabilität des Gesamtkapitals); da kein Zinsaufwand anfällt, weil kein Fremdkapital eingesetzt wird, entspricht der Reingewinn dem Bruttogewinn und beträgt ebenfalls,

Tabelle 1

0	1	2		3	4	5		6	7
Alternative Nr.	Gesamtkapital	Bruttogewinn (Sachzins)		Eigenkapital	Fremdkapital	Marktzins des Fremdkapitals		Reingewinn	Rentabilität des Eigenkapitals
	DM	%	absolut DM	DM	DM	%	absolut DM	DM	%
1	100000	10	10000	100000	–	–	–	10000	10,0
2	150000	10	15000	100000	50000	6	3000	12000	12,0
3	200000	10	20000	100000	50000	6	3000		
					50000	8	4000	13000	13,0
4	250000	10	25000	100000	50000	6	3000		
					50000	8	4000		
					50000	10	5000	13000	13,0
5	300000	10	30000	100000	50000	6	3000		
					50000	8	4000		
					50000	10	5000		
					50000	12	6000	12000	12,0

bezogen auf das Eigenkapital, 10 %. Rentabilität des Gesamtkapitals (Sachzins, Bruttorentabilität) und Eigenkapitalrentabilität sind also gleich. Werden nun zusätzlich 50000,– DM Fremdkapital aufgenommen, das 6 % Zinsen (Marktzins für Fremdkapital) kostet, durch das aber wiederum 10 % Bruttogewinn (Sachzins) erwirtschaftet werden, so erhöht sich der Reingewinn; die Rentabilität des Eigenkapitals steigt auf 12 % (vgl. Alternative 2). Dieses Ansteigen der Eigenkapitalrentabilität über die Gesamtkapitalrentabilität hinaus auf Grund der Renditenspanne zwischen Sachzins und Marktzins nennt man Leverage-Effekt.

Die Maximierung der Eigenkapitalrentabilität verlangt also, daß der Betrieb zusätzliches Fremdkapital einsetzt, wenn der Marktzins dafür geringer ist als der im Betrieb erwirtschaftete Sachzins. Durch Steigen des verlangten Marktzinses (vgl. Tabelle 1), aber auch durch Sinken des erwirtschafteten Sachzinses können diese relevanten Größen sich einander nähern. Die höchste Eigenkapitalrentabilität wird erreicht, wenn der Marktzins für das zuletzt aufgenommene Fremdkapital (Grenzmarktzins) genau dem Sachzins dieses Kapitals (dem Grenzsachzins) entspricht (vgl. Alternative 4). Die im Beispiel bei zusätzlichen Aufnahmen von Fremdkapital jeweils steigenden Marktzinsen finden ihre Begründung als Risikoprämie, die der Kreditgeber bei wachsendem Verschuldungsgrad wegen des damit eingegangenen höheren Kreditrisikos verlangt. Die gleiche Situation spiegelt sich in den Zinsen rangfolgender Hypotheken wider.

Allerdings wird die Ausnutzung des Leverage-Effektes u.U. schon vor dem Erreichen der maximalen Eigenkapitalrentabilität durch die Risikobereitschaft des Unternehmers begrenzt. Der Unternehmer muß vor der Aufnahme des Fremdkapitals die Höhe des damit künftig zu erwirtschaftenden Sachzinses für die gesamte Dauer der Fremdkapitalbeanspruchung einschätzen, damit er entscheiden kann, ob ein positiver Leverage-Effekt zu erwarten und daher die Aufnahme des Fremdkapitals günstig ist. Dabei birgt eine zu optimistische Einschätzung des zu erwartenden Sachzinses ein hohes Risiko, da der die Rentabilität des Eigenkapitals fördernde Effekt in das Gegenteil umschlägt, wenn der Sachzins zukünftig durch ungünstige Umstände unter den Marktzins des aufgenommenen Fremdkapitals sinkt. Solange das Fremdkapital nicht zurückgezahlt werden kann, verursacht es in diesem Fall höhere Zinsaufwendungen, als es Erträge in der Unternehmung des Kreditnehmers erwirtschaftet und zehrt so einen Teil des vom Eigenkapital erwirtschafteten Gewinns auf, wodurch die Rentabilität des Eigenkapitals unter die Rentabilität des Gesamtkapitals sinkt.

Diese Risiken des Leverage-Effektes sollen durch das folgende Beispiel, Tabelle 2, noch einmal deutlich gemacht werden. Dabei wird klar, daß es für die Stärke des Effektes auf die Größe der Renditendifferenz zwischen Sachzins und Marktzins und den Verschuldungsgrad (Verhältnis Fremdkapital : Eigenkapital) ankommt: mit Renditendifferenz und Verschuldungsgrad wächst die Stärke des Effektes.

Die Tabelle gibt darüber einen beispielhaften Überblick. Allerdings beschränkt sie sich auf den Fall, daß ein niedrigerer Sachzins eintritt als ursprünglich erwartet wurde und stellt deshalb nur die Risiken dar, die sich bei negativ werdender Renditendifferenz von Sachzins und Marktzins ergeben. Umgekehrtes gilt, wenn der effektive den erwarteten Sachzins übersteigt; es ergeben sich dann höhere Steigerungen der Rentabilität des Eigenkapitals. Positive Abweichungen sind bei sachgerechter Abschätzung des zu erwartenden Sachzinses ebenso wahrscheinlich, bei vorsichtiger Schätzung sogar wahrscheinlicher als negative Abweichungen. Andererseits sind negative Abweichungen u.U. wichtiger, da sie den Bestand der Unternehmung bedrohen können.

Das Beispiel geht davon aus, daß ein Betrieb eine Gesamtrentabilität von 10 % erwartet und Fremdkapital zu 8 % aufnehmen kann, so daß eine positive Renditendifferenz von 2 % zu erwarten ist. Es werden drei Verschuldungssituationen angenommen.

Im Fall I arbeitet der Betrieb ausschließlich mit Eigenkapital, im Fall II wird zusätzlich Fremdkapital (FK : EK = 1 : 2) und im Fall III wird ebensoviel Fremdkapital eingesetzt wie Eigenkapital (Verschuldungsgrad 1).

Die Auswirkungen verschiedener tatsächlich eintretender Sachzinssätze werden in den Situationen A bis E dargestellt.

In Situation A tritt die erwartete Gesamtrentabilität von 10 % tatsächlich ein; bei der Betrachtung der Fälle I, II und III in der Situation A zeigt sich die rentabilitätssteigernde Wirkung zunehmender Verschuldung bei positiver Renditenspanne: die Eigenkapitalrentabilität steigt von 10 % auf 11 bzw. 12 %.

Tabelle 2. Beispiel zum Leverage-Effekt des Fremdkapitals.

erwartete Gesamtrentabilität 10 %

Fremdkapitalzins 8 %

Kapitaleinsatz DM	erreichter Prozentsatz der erwarteten Gesamtrentabilität		Situation A 100 %	B 75 %	C 50 %	D 25 %	E 0 %
Fall I EK 10000,– FK –	1. Reingewinn	DM	1000,–	750,–	500,–	250,–	0,–
	2. Eigenkapitalrentabilität	%	10 %	7,5 %	5 %	2,5 %	0 %
	3. Abweichung von der erwarteten Eigenkapitalrentabilität	%	–	25 %	50 %	75 %	100 %
Fall II EK 10000,– FK 5000,–	1. Reingewinn	DM	1100,–	725,–	350,–	–25,–	– 400,–
	2. Eigenkapitalrentabilität	%	11 %	7,25 %	3,5 %	–0,25 %	–4 %
	3. Abweichung von der erwarteten Eigenkapitalrentabilität	%	–	34,1 %	68,2 %	102,3 %	136,4 %
Fall III EK 10000,– FK 10000,–	1. Reingewinn	DM	1200,–	700,–	200,–	– 300,–	– 800,–
	2. Eigenkapitalrentabilität	%	12 %	7 %	2 %	–3 %	–8 %
	3. Abweichung von der erwarteten Eigenkapitalrentabilität	%	–	41,7 %	83,3 %	125,0 %	166,7 %

Bei der Betrachtung der Situationen B bis E zeigt sich einmal der negative Leverage-Effekt, der sich ergibt, wenn durch Abweichungen von der erwarteten Gesamtrentabilität eine negative Renditenspanne entsteht (Situation B: −0,5 %, Situation C: −3 % usw.) und zum anderen die auch hier mit zunehmendem Verschuldungsgrad auftretende Steigerung des Effektes. Beide Wirkungen können sich kumulieren, so daß sich im Fall III, Situation E, statt eines erwarteten Gewinnes von 12 % ein Verlust von 8 % ergibt.

1.2.3. Liquiditätsaspekte

Man unterscheidet im wesentlichen drei Liquiditätsbegriffe, die zunächst dargestellt und diskutiert werden sollen.

Bei der Bestimmung der *graduellen Liquidität* werden die Vermögensgegenstände (meist auf Grund einer Bilanz) nach ihrer zeitlichen Liquidierbarkeit, ihrer Geldnähe, geordnet und zu Gruppen zusammengefaßt.

Dabei besteht die erste Gruppe (Liquidität ersten Grades) aus den liquiden Mitteln, also Kassenbestand, Sichteinlagen bei Kreditinstituten, Postscheckguthaben usw.

Eine weitere Gruppe umfaßt die im Zeitablauf kurzfristig liquidierbaren Vermögensbestandteile, darunter diskontfähige Besitzwechsel, kurzfristige Forderungen usw. Dabei wird davon ausgegangen, daß der Betriebszweck unverändert verfolgt wird, der Betrieb also keine Zweckänderung im Sinne des Überganges zur Liquidation vornimmt. Im letzten Falle könnten u.U. Rohstoffe als Welthandelsgüter kurzfristiger liquidierbar sein als Fertigfabrikate, während sie im ersten Fall zunächst noch in Fertigfabrikate umgewandelt werden müßten.

Entsprechend werden weitere Gruppen gebildet; in der letzten finden sich die am schwersten liquidierbaren bzw. nicht liquidierbaren Vermögensteile.

Da bei diesem graduellen Liquiditätsbegriff Liquidität als Eigenschaft von bestimmten Vermögensteilen aufgefaßt wird, die ihre zeitliche Geldnähe ausdrückt, kann auf Grund dieses Begriffes nichts über die Liquidität des Betriebes ausgesagt werden. Dazu fehlt es an der Gegenüberstellung mit dem Bedarf an liquiden Mitteln, der sich aus bestehenden Verbindlichkeiten und Zahlungsverpflichtungen ergibt.

Eine solche Gegenüberstellung wird bei der Ermittlung der *statischen Liquidität* vorgenommen. Dabei wird, in der Regel wieder auf der Grundlage einer Bilanz, eine Gegenüberstellung der sofort fälligen Verbindlichkeiten und der verfügbaren Zahlungsmittel vorgenommen. Reichen die Zahlungsmittel aus, die sofort fälligen Verbindlichkeiten zu begleichen, ist der Betrieb liquide. Die Liquidität wird hier also als Eigenschaft eines Betriebes angesehen, die seine Zahlungsfähigkeit angibt.
Danach liegt Liquidität vor, wenn

$$\text{Zahlungsmittel} \;./.\; \text{sofort fällige Verbindlichkeiten} \geqq 0$$

oder $$\frac{\text{Zahlungsmittel}}{\text{sofort fällige Verbindlichkeiten}} \geqq 1 \text{ ist;}$$

die letzte (häufiger benutzte) Relation heißt Liquiditätskennziffer oder Deckungsrelation.

Je nach der angestrebten Sicherheit wird man die Liquidität von 1 oder von etwas über 1 (Sicherheitsreserve) als optimal ansehen. Eine Maximierung der Liquidität ist nicht sinnvoll, da Liquidität nicht Ziel des Betriebes, sondern nur notwendige Bedingung für dessen Existenz ist.

Durch Ermittlung der statischen Liquidität lassen sich allerdings nur Erkenntnisse über die Liquidität zu einem bestimmten Zeitpunkt gewinnen, während es in den meisten Fällen darauf ankommt, Aussagen über die Liquidität in einem zukünftigen Zeitraum zu gewinnen.

Im Rahmen statischer Liquiditätsmessung kann darüber nur etwas gesagt werden, wenn eine Gegenüberstellung der nach der Liquidierbarkeit geordneten Vermögensteile und der nach der Fälligkeit geordneten Schulden gemacht wird, etwa nach folgendem Schema:

$$\text{Liquidität am Stichtag} = \frac{\text{Zahlungsmittel}}{\text{sofort fällige Verbindlichkeiten}}$$

$$\text{kurzfristige Liquidität} = \frac{\text{Zahlungsmittel + jederzeit liquidierbare Vermögensteile (z.B. Scheck- und Besitzwechselbestand)}}{\text{sofort fällige + kurzfristige Verbindlichkeiten}}$$

$$\text{mittelfristige Liquidität} = \frac{\text{Zahlungsmittel + jederzeit liquidierbare Vermögensteile + kurz- und mittelfristig liquidierbare Vermögensteile (z.B. fällige Forderungen, Wertpapierbestände, leichtverkäufliche Bestände)}}{\text{sofort fällige + kurz- und mittelfristige Verbindlichkeiten}}$$

Eine solche komparativ-statische Liquiditätsanalyse hat jedoch viele Mängel, vor allem, wenn sie auf Bilanzen aufgebaut ist. Aus Bilanzpositionen kann nämlich nur sehr bedingt auf die Liquidierbarkeit von Vermögensteilen und die Fälligkeit von Verbindlichkeiten geschlossen werden, vor allem aber enthalten Bilanzen nur die bilanzierungsfähigen Vermögens- und Schuldpositionen des Betriebes, nicht aber alle Grundlagen für Einnahmen und Ausgaben des Betriebes. So fehlen z.B. schwebende Geschäfte, Kreditzusagen und Angaben über geplante Ausgaben ohne Rechtsverpflichtung, die z.B. für Investitionen und als freiwillige Zahlungen an Außenstehende möglich sind.

Der statische Liquiditätsbegriff, der an Vermögens- und Schuldpositionen anknüpft, ist daher vom Ansatz her nur bedingt brauchbar. Vermögens- und Schuldpositionen können zu Einnahmen und Ausgaben führen, daneben aber gibt es Zahlungsvorgänge, die nicht aus ihnen entstehen, sondern nur auf Verträge, Pläne und Absichten der Betriebsleitung zurückgehen.

Ein Liquiditätsbegriff muß deshalb, wenn er alle Anforderungen erfüllen soll, direkt von den (geplanten) Einnahmen und Ausgaben ausgehen und diese für einen zukünftigen Zeitraum betrachten.

Die *dynamische Liquidität* ist diese, allen Anforderungen genügende Interpretation des Liquiditätsbegriffs.

Die dynamische Liquidität ist gesichert, wenn alle vorgesehenen Ausgaben durch den Zahlungsmittelbestand und die Einnahmen des Betriebes gedeckt sind, d.h. wenn zu jedem zukünftigen Zeitpunkt gilt:

Zahlungsmittel + Einnahmen ·/. Ausgaben $\geqq$ 0.

Die dynamische Liquidität kann nicht an Hand einer Bilanz oder einer ähnlichen Vermögensdarstellung ermittelt werden, sondern ergibt sich aus dem Finanzplan, der systematischen Darstellung der Einnahmen und Ausgaben des Betriebes.

Alle Finanzierungsregeln beziehen sich auf bestimmte Strukturen von Vermögen und Kapital; sie können deshalb, weil nur ein Teil der Einnahmen und Ausgaben durch Vermögens- und Kapitalbestände bedingt ist, die dynamische Liquidität nicht sichern. Dazu kommt noch, daß die Regeln nicht hinreichend sind, die aus Vermögens- und Kapitalbeständen resultierenden Zahlungsvorgänge so zu ordnen, daß in jedem Fall die Liquidität gewahrt bleibt. Das läßt sich am besten an der goldenen Finanzierungsregel (goldenen Bankregel, Fristentsprechungsregel) zeigen. Diese Regel fordert, daß die Kapitalüberlassungsdauer (Fristigkeit des aufgenommenen Kapitals) mindestens gleich der Kapitalbindungsdauer (Umschlagdauer des damit beschafften Vermögensteiles) ist. Auch bei Wahrung dieser Fristentsprechung ist jedoch die Liquidität des Betriebes bei Aufrechterhaltung der Betriebsbereitschaft nicht gesichert. Verluste können dazu führen, daß nicht der volle investierte Kapitalbetrag wieder freigesetzt und zurückgezahlt werden kann und bei bestehendem Ersatzbedarf für das ausscheidende Vermögensteil muß unterstellt werden, daß die Finanzierung des Ersatzgegenstandes durch Prolongation des alten oder durch Beschaffung von neuem Kapital (Substitution) gesichert ist, da sonst die Betriebsbereitschaft nicht unvermindert aufrechterhalten werden könnte.

Bei den an die Bilanz anknüpfenden Regeln (z.B. goldene Bilanzregel: Anlagevermögen muß durch langfristiges (Eigen-)Kapital gedeckt sein) kommt zu den genannten Mängeln noch die weitere Fehlerquelle, daß von Bilanzpositionen auf die Fristigkeit von Vermögensbindung und Kapitalüberlassung geschlossen wird.

Dieser Mangel kann jedoch durch eine geeignete Aufgliederung des Vermögens ausgeglichen werden, die sowohl den Zweck, dem der Vermögensgegenstand dient, als auch die spezielle Bestimmung des einzelnen Vermögensteiles berücksichtigt.

Dabei bietet sich eine Aufteilung des Vermögens in

a) dem ursprünglichen Betriebszweck dienendes Vermögen (betriebszweckgebundenes Vermögen) und

b) anderen Zwecken dienendes Vermögen (betriebszweckfremdes Vermögen, Nebenzwecken dienendes Vermög.n)

an.

Außerdem ist das betriebszweckgebundene Vermögen in
- kapazitätsgebundenes Vermögen,
- kapazitätsorientiertes Reservevermögen und
- kapazitätsorientiertes Erweiterungsvermögen

aufzuspalten.

Die Fristigkeit der Finanzierung dieser Vermögensteile hat sich am Risiko einer zu kurzfristigen Finanzierung zu orientieren.

Das kapazitätsgebundene Vermögen umfaßt das ständig der betrieblichen Leistungserstellung dienende Anlage- und Umlaufvermögen. Wird es angegriffen, weil die Finanzlage des Betriebes das erfordert, kann der ursprüngliche Betriebszweck nicht ungestört weiter verfolgt werden. Deshalb ist bei der Finanzierung größter Wert auf Sicherheit zu legen und dauerhaft zur Verfügung stehendes Eigenkapital oder mindestens langfristiges Fremdkapital zur Finanzierung dieser Vermögensgegenstände zu verwenden. Lediglich soweit das gebundene Kapital bald wieder durch regelmäßige Abschreibung freigesetzt wird, ist eine kurz- oder mittelfristige Finanzierung in Höhe der jeweils in den Umsätzen gedeckten Abschreibungen (Abschreibungsgegenwerte) vertretbar.

Das kapazitätsorientierte Reservevermögen besteht aus den Teilen des Anlage- und Umlaufvermögens, die in den Leistungsprozeß eingeschaltet werden, wenn der Einsatz von Teilen des kapazitätsgebundenen Vermögens durch Störungen verhindert wird. Deshalb würde eine aus finanzwirtschaftlichen Gründen erzwungene Liquidation derartiger Vermögensteile den Betriebsprozeß nur beeinträchtigen, wenn eine Störung eintritt und solange diese fortbesteht.
Wenn die Beschaffung und Installation des Reserveaggregates längere Zeit dauert und vom Ausfall des Aggregates der gesamte Produktionsprozeß beeinträchtigt würde, wird man ständig ein Ersatzaggregat bereithalten und dieses entsprechend sicher, d.h. dauerhaft oder langfristig finanzieren.

In zahlreichen anderen Fällen hat das Fehlen von Reservevermögensteilen keine so schweren Auswirkungen oder es ist eine sofortige Ersatzbeschaffung möglich. Dann genügt es, Ersatzgüter bei Bedarf beschaffen zu können, wobei für die Finanzierung unausgenutzter Kreditspielraum ausreichen kann. Dieser Kreditspielraum bietet sich zugleich für die Reservehaltung in liquiden Mitteln an, da er als Aufwendungen nur die Bereitstellungsprovision und nicht schon Zinsen auslöst.

Das kapazitätsorientierte Erweiterungsvermögen wird gehalten, um die Möglichkeit von Kapazitätsausweitungen offen zu halten. Ein typisches Beispiel bilden

Vorratsgrundstücke in günstiger Lage zum bisherigen Betrieb. In der Regel wird man das Finanzierungsrisiko gering halten und langfristig finanzieren. Kurzfristige Finanzierung bringt jedoch nicht so hohe Risiken mit sich wie beim kapazitätsgebundenen Vermögen und beim kapazitätsorientierten Reservevermögen, da beim Zwang zur Veräußerung zwecks Tilgung des Kredites allenfalls die zukünftigen betrieblichen Erweiterungsmöglichkeiten (bei Grundstücken nur am gegenwärtigen Standort) beeinträchtigt werden, nicht jedoch der Betriebsprozeß in seinem gegenwärtigen Umfang.

Bei der Finanzierung des betriebszweckfremden Vermögens stehen Rentabilitätsgesichtspunkte stark im Vordergrund; es genügt für die Liquidität des Betriebes, daß der Vermögensgegenstand während der jeweiligen Restlaufzeit des verwendeten Kapitals notfalls liquidiert werden kann. Die Gefahr von Verlusten, die bei plötzlicher Liquidation auftreten können, muß allerdings bei den Rentabilitätsüberlegungen berücksichtigt werden.

Jede Abweichung von der grundsätzlichen Forderung nach langfristiger Finanzierung hat sich also an dem Risiko zu orientieren, das mit einer vorzeitigen Liquidation zur Rückzahlung des Kapitals ausgelöst wird.

Frage
3. Wie ist die Durchführbarkeit einer solchen Aufgliederung des Vermögens zu beurteilen?

1.3. Der Kapitalbedarf

Jeder Betrieb benötigt, um arbeiten zu können, bestimmte Anlagen, Rohstoffe und andere Materialien und hält in der Regel auch Läger seiner unfertigen und fertigen Erzeugnisse; dazu kommt ein gewisser notwendiger Kassen- und Forderungsbestand, ohne den in der Realität kein Betrieb auskommt.

Für den Aufbau dieser Bestände, die der Betrieb braucht, wurde Kapital investiert, das erst dann wieder endgültig freigesetzt wird, wenn der Betrieb aufgelöst und alle seine Vermögensgegenstände liquidiert werden. Während der Zeit bis zur Liquidation ist das Kapital im Betrieb gebunden, d.h. die notwendigen Ausgaben zur Beschaffung des betrieblichen Vermögens haben noch nicht wieder zu Einnahmen geführt, durch die die Vermögensteile wieder in Geld zurückverwandelt wurden.

Die Bestimmung des für einen Betrieb nötigen Kapitals, also die Ermittlung des Kapitalbedarfs, ist eine wichtige Teilaufgabe der Finanzwirtschaft.

Bevor die Methoden zur Ermittlung des Kapitalbedarfs dargestellt werden, sollen kurz die wichtigsten Faktoren, die die Höhe des Kapitalbedarfs beeinflussen, genannt werden.

Betriebsgröße und Produktionsprogramm beeinflussen unmittelbar die Höhe der Ausgaben für Anlagen und Einsatzstoffe; die Struktur der betrieblichen Prozesse, d.h. Fragen sukzessiver oder simultaner Fertigung der Produktarten, der Lagerung und des Fertigungsverfahrens, die Prozeßgeschwindigkeit (Umschlagsgeschwindigkeit) und der Beschäftigungsgrad des Betriebes beeinflussen daneben den Kapitalbedarf, indem sie Einfluß auf die Menge der jeweils im Produktionsprozeß befindlichen Güter nehmen; das Preisniveau schließlich ist von wesentlichem Einfluß, weil es bei nach Art und Menge gegebenem Bedarf an Gütern die Höhe der nötigen Ausgaben bestimmt.

Bei der Ermittlung des Kapitalbedarfs soll ein für viele Vorhaben ausreichendes Schätzungsverfahren und ein genaueres Verfahren dargestellt werden. Außerdem wird oft die Ermittlung des Anlagekapitalbedarfs und die des Umlaufkapitalbedarfs unterschieden.

Auch beim am meisten genannten Schätzungsverfahren für den Kapitalbedarf, das im folgenden beschrieben wird, werden Anlage- und Umlaufkapitalbedarf unterschieden.

Der Anlagekapitalbedarf ergibt sich danach aus den Investitionsplänen. Zur Ermittlung des Umlaufkapitalbedarfs stellt man zunächst die durchschnittlichen täglichen Ausgaben für den normal arbeitenden Betrieb fest; würden mit diesen Ausgaben morgens Rohstoffe eingekauft, im Laufe des Tages das Produkt fertiggestellt und noch am gleich Tag gegen Barzahlung verkauft, wäre der Umlaufkapitalbedarf gleich den Ausgaben für einen Tag. In der Realität dauert es jedoch vom Einkauf von Roh-, Hilfs- und Betriebsstoffen über die Lagerung und Produktion bis zum Verkauf und Eingang des Kaufpreises längere Zeit, während der ständig neue Ausgaben nötig sind, um den Betrieb aufrechtzuerhalten. Entsprechend müssen bei der Ermittlung des Umlaufkapitalbedarfs die durchschnittlichen täglichen Ausgaben mit der Anzahl der Tage multipliziert werden, die der Betrieb benötigt, bis die Ausgaben für Produktionsmittel usw. wieder zu Einnahmen geführt haben (Umschlagsdauer des Umlaufvermögens).

Danach kann der Betrieb (in diesem einfachen Modell) die Ausgaben des folgenden Tages aus den Einnahmen für die verkaufte Produktion decken, so daß der Kapitalbedarf von da an konstant bleibt.

Die entsprechende Formel lautet:

Kapitalbedarf = Anlagekapitalbedarf + ϕ Tagesausgaben $\times$ Umschlagsdauer des Umlaufvermögens.

Wie jede Faustformel liefert auch diese nur einen Anhaltspunkt für den Kapitalbedarf, vor allem, weil durchschnittliche Tagesausgaben und Umschlagsdauer des Umlaufvermögens bei der komplexen Struktur betrieblicher Prozesse nicht ausreichend genau zu bestimmen sind, bevor eigene Erfahrungen aus dem laufenden Betrieb vorliegen.

Ein genaueres Verfahren zur Bestimmung des Kapitalbedarfs muß außerdem die Tatsachen berücksichtigen, daß der Kapitalbedarf ständig in gewissen Grenzen schwankt, was sich aus der Struktur der Einnahmen- und Ausgabenreihen ergibt und daß der Anlagekapitalbedarf genau genommen nicht von Anfang an in voller Höhe besteht und danach konstant bleibt, sondern während der Anlagenerstellung langsam auf die volle Höhe anwächst und während der Abschreibungsdauer langsam wieder absinkt.

Ein solches genaues Verfahren zur Kapitalbedarfsermittlung ist der Finanzplan; da der Finanzplan eine systematische Darstellung aller Einnahmen und Ausgaben des Betriebes ist, ergibt sich aus ihm der in der jeweiligen Planungsperiode entstehende Kapitalbedarf als Überschuß der Ausgaben über die Einnahmen. Gleichzeitig ist der Finanzplan ein wichtiges Instrument der Liquiditätsanalyse, da er jeweils auch genaue Erkenntnisse über die Zeitpunkte des Entstehens von zusätzlichem Kapitalbedarf und von Liquiditätsengpässen oder -überschüssen ermöglicht.

Zur Errechnung des Kapitalbedarfs ist ein Finanzplan allerdings vorwiegend für den Umlaufkapitalbedarf sinnvoll, da der Anlagekapitalbedarf sich auch einfacher ausreichend genau bestimmen läßt. Zur Liquiditätsplanung ist allerdings auch während der Errichtung der Anlagen ein Finanzplan zu empfehlen.

Die Aufstellung eines Finanzplans sowie sein Einsatz zur Ermittlung des Umlaufkapitalbedarfs und der Liquidität soll durch das folgende Beispiel erläutert werden; dabei werden allerdings nur betrieblich bedingte Ausgaben und Einnahmen berücksichtigt, so daß der entstehende betriebliche Finanzplan noch um einen Finanzplan, der außerordentliche und betriebsfremde Zahlungen enthält, ergänzt werden müßte.

Dem Beispiel liegen folgende Annahmen zugrunde:

Der Betrieb ist in der Anlaufphase; die Produktion beginnt in der zweiten betrachteten Woche, die erste Woche dient der Arbeitsvorbereitung, Materialbeschaffung usw. Es werden nur einige wichtige Ausgabearten geplant, die als Beispiel ausreichen; die Numerierung der folgenden Angaben entspricht der im Finanzplan-Schema. Im Gegensatz zu den üblichen betrieblichen Finanzplänen, die mit den vorhandenen Anfangsbeständen an Zahlungsmitteln und der Einnahmen-Planung beginnen, wird hier die Ausgaben-Planung an den Anfang gestellt; das ist bei Finanzplänen zur Kapitalbedarfsermittlung sinnvoll, da es der zeitlichen Reihenfolge von Ausgaben und Einnahmen infolge der betrieblichen Prozesse eher entspricht.

I. Ausgaben:

a) Mitte der ersten Woche treffen 200 Einheiten Material ein, die für eine Produktion von 4 Wochen (200 Produkteinheiten) ausreichen; diese erste Lieferung umfaßt außerdem 20 Einheiten zum Aufbau eines Eisernen Bestandes. Der Preis ist 500,– DM je Einheit; es werden 3 % Skonto bei Zahlung innerhalb von 14 Tagen gewährt, anderenfalls Zahlung innerhalb von 8 Wochen. Beanspruchung des Zahlungszieles ist vorgesehen.

b) Die wöchentlichen Lohnzahlungen betragen

brutto	25000,– DM
·/. Steuern und Sozialabgaben	5000,– DM
netto	20000,– DM

c) Die monatlichen Gehaltszahlungen betragen

brutto	12500,– DM
·/. Steuern und Sozialabgaben	2500,– DM
netto	10000,– DM

d) Monatlich sind demnach an Steuern und Sozialabgaben
22500,– DM (4 × 5000,– DM + 2500,– DM)
abzuführen.

e) Sonstige Ausgaben von wöchentlich 2500,– DM fallen an.

II. Einnahmen:

Alle Produkte eines Produktionszyklus werden gleichzeitig fertig; die durchschnittliche Lagerzeit der fertigen Produkte beträgt eine Woche. Anschließend werden die Produkte zum Preise von 1250,– DM pro Einheit verkauft.

a) Die Hälfte der Kunden zahlt nach zwei Wochen unter Inanspruchnahme von 2% Skonto.

b) Die andere Hälfte zahlt nach vier Wochen ohne Abzug.

Nach der Eintragung der Zahlungen in das Schema des Finanzplanes, Tabelle 3, kann nach der Formel

Kapitalbedarf = kumulierte Ausgaben ·/. kumulierte Einnahmen

der jeweilige Kapitalbedarf ermittelt werden. Er steigt von der ersten bis zur siebten Woche entsprechend den kumulierten Ausgaben, da noch keine Einnahmen anfallen und erreicht dann, nachdem auch die erste Einnahme eingegangen ist, Ende der neunten Woche das Maximum von 255000,– DM; dies ist der Kapitalbedarf für das Umlaufvermögen. Der Betrag von 255000,– DM kann in der ersten Woche bereitgestellt oder während der ersten neun Wochen in Teilbeträgen, die dem Anwachsen des Kapitalbedarfs entsprechen, aufgebracht werden. Von der zehnten Woche an liegt der Kapitalbedarf stets unter 255000,– DM, schwankt jedoch relativ stark, was durch die Struktur der Einnahmen- und Ausgabenreihe zu erklären ist. Gemessen am Spitzenbedarf von 255000,– DM entstehen von der zehnten Woche an Kapitalüberschüsse von schwankender Höhe, von denen am Ende jeder Produktions- und Umschlagsperiode 25000,– DM dauerhaft freigesetzte Beträge sind; dabei handelt es sich um den *Cash-flow*, der in diesem Beispiel als Differenz zwischen den Erlösen aus einer Produktionsperiode und den verrechneten ausgabewirksamen Kosten ermittelt wird und vor allem Gewinn

Tabelle 3. Alle Größen in tausend DM (TDM)

						P₂				P₃				L₃	
										L₂	Skto₂		R₂		
	Vorbereitung	P₁				L₁	Skto₁		R₁						
Wochen	1	2	3	4	5	6	7	8	9	10	11	12	13	14	15
I. Ausgaben															
a) Material								110,0				100,0			
b) Löhne	20,0	20,0	20,0	20,0	20,0	20,0	20,0	20,0	20,0	20,0	20,0	20,0	20,0	20,0	
c) Gehälter				10,0				10,0				10,0			
d) Steuern und Sozialabgaben				22,5				22,5				22,5			
e) Sonstige Ausgaben	2,5	2,5	2,5	2,5	2,5	2,5	2,5	2,5	2,5	2,5	2,5	2,5	2,5	2,5	
Σ pro Woche	22,5	22,5	22,5	55,0	22,5	22,5	22,5	165,0	22,5	22,5	22,5	155,0	22,5	22,5	
kumuliert	22,5	45,0	67,5	122,5	145,0	167,5	190,0	355,0	377,5	400,0	422,5	577,5	600,0	622,5	
II. Einnahmen															
a) Skontozahlungen								122,5				122,5			
b) Kreditzahlungen										125,0				125,0	
kumuliert								122,5	122,5	247,5	247,5	370,0	370,0	495,0	
III. Saldo der Einnahmen und Ausgaben															
a) Kapitalbedarf	22,5	45,0	67,5	122,5	145,0	167,5	190,0	232,5	255,0	152,5	175,0	207,5	230,0	127,5	
b) Kapitalüberschuß										102,5	80,0	47,5	25,0	127,5	
davon dauerhaft freigesetzt (kumuliert)										25,0				50,0	

und Abschreibungsgegenwerte umfaßt. Über die Beträge ist jeweils entsprechend der betrieblichen Zielsetzung zu disponieren. Eine mögliche Disposition könnte in der Rückzahlung des zunächst aufgenommenen Kapitals gesehen werden.

Mit Hilfe des Beispiels kann man außerdem leicht erkennen, daß der Kapitalbedarf in der Regel sinkt, wenn die Einnahmen durch Verkürzung der Produktions-, Lager-, Skonto- oder Restzielzeiten vorverlegt werden können oder wenn Ausgaben später getätigt würden. Umgekehrt würden Vorverlegung der Ausgaben oder später erfolgende Einnahmen den Kapitalbedarf erhöhen.

1.4. Die Deckung des Kapitalbedarfs

Die Darstellung der Deckungsmöglichkeiten des Kapitalbedarfs enthält drei Abschnitte:

Zuerst werden die Möglichkeiten der Eigenfinanzierung beschrieben, danach auf die Fremdfinanzierung eingegangen; der dritte Abschnitt befaßt sich mit der Möglichkeit, durch Kapitalfreisetzung zu finanzieren.

1.4.1. Die Eigenfinanzierung

1.4.1.1. Allgemeines über die Eigenfinanzierung

Die Finanzierung mit Eigenkapital ist die Basis jeder Deckung eines Kapitalbedarfs, da man in der Regel erst bei einer ausreichenden Basis an voraushaftendem Eigenkapital Fremdkapital aufnehmen kann. Unabhängig von der Rechtsform der Unternehmung kann das Eigenkapital nach der Gleichung

$$EK = \text{Vermögen} \ {}^{\cdot}\!/. \ \text{Fremdkapital}$$

bestimmt werden. Kennt man das Eigenkapital eines früheren Zeitpunktes (EK_t), kann man das Eigenkapital späterer Zeitpunkte (EK_{t+n}) nach der folgenden Formel ermitteln

$$EK_{t+n} = EK_t + \text{Einlagen} + \text{einbehaltene Gewinne} \ {}^{\cdot}\!/. \ \text{Entnahmen} \ {}^{\cdot}\!/. \ \text{eingetretene Verluste.}$$

Damit sind einige wichtige Zusammenhänge über Bestimmung und Veränderung des Eigenkapitals angedeutet. Eine weitere Möglichkeit, das Eigenkapital zu ermitteln, besteht darin, daß man das bilanzielle Eigenkapital feststellt (wozu bei den Personengesellschaften die Kapitalkonten aller Gesellschafter und bei Kapitalgesellschaften die getrennt auszuweisenden Eigenkapitalteile gehören und die stillen Rücklagen (soweit bekannt) hinzunimmt.

Bei Aktiengesellschaften ergibt sich z.B. das Eigenkapital wie folgt:

Grundkapital (evtl. ·/. ausstehende Einlagen)
+ offene Rücklagen
  a) gesetzliche Rücklage
  b) freie Rücklage
  – evtl. statutarische Rücklage
  – freiwillige Rücklage
+ Bilanzgewinn (bzw. ·/. Bilanzverlust)

= bilanzielles Eigenkapital
+ stille Rücklagen[1])

= effektives Eigenkapital

Dabei kann man, je nach dem Zweck und der angestrebten Genauigkeit,

- statt des Bilanzgewinnes den Gewinnvortrag einsetzen (da der Bilanzgewinn bis auf einen evtl. Gewinnvortrag meist als Dividendenausschüttung dem Betrieb entzogen wird),
- eigene Aktien abziehen,
- einen Teil der *Sonderposten mit Rücklageanteil* zum Eigenkapital zählen; der Anteil hängt von der Steuerlast ab, die noch aus diesem Posten abzuführen ist.

Auf die speziellen Bestimmungen über das Eigenkapital bei verschiedenen Rechtsformen soll nur kurz eingegangen werden; eine allgemeine Darstellung der Kennzeichen der Rechtsformen findet sich im VDI-Taschenbuch T 42 *Grundlagen und Grundbegriffe der Betriebswirtschaftslehre.*

Bei Personenunternehmungen, d.h. Einzelunternehmungen, offenen Handelsgesellschaften und Kommanditgesellschaften gibt es stets zumindest einen Gesellschafter, der mit seinem gesamten Vermögen für die Schulden der Unternehmung haftet, so daß Vorschriften über die Mindesthöhe des haftenden Kapitals sowie Bestimmungen über das Entnahmerecht der Vollhafter entbehrlich sind. Die Höhe des von diesen Personen zur Verfügung gestellten Eigenkapitals ist deshalb variabel; bei den Personengesellschaften werden meist durch Vorschriften des Gesellschaftsvertrages Beschränkungen des Entnahmerechts, des Kündigungsrechtes usw. eingeführt.

Bei der Kommanditgesellschaft besteht neben dem variablen Komplementärkapital noch der Kapitalanteil der Kommanditisten, für den strenge Bestimmungen gelten, die die Aufbringung sichern und die Entnahme verhindern sollen, da Kommanditisten nur mit dem übernommenen Anteil für Schulden der Gesellschaft haften.

Bei den Kapitalgesellschaften bestehen im Interesse des Gläubigerschutzes auf der Basis der Voraushaftungsfunktion des Eigenkapitals strenge Vorschriften über

[1]) Gegeben durch Unterbewertung des Vermögens oder Überbewertung des Fremdkapitals in der Bilanz.

ein Mindestkapital sowie über Rücklagenbildungen zur Stärkung der Eigenkapitalbasis und ein Verbot der Rückgewähr der Einlage; zur Rückzahlung von Eigenkapital bedarf es eines besonderen Verfahrens, durch das sichergestellt werden soll, daß keine Gläubigerinteressen verletzt werden.

Es ist also in verschiedenen Fällen (so auch bei Genossenschaften) zu unterscheiden zwischen

a) dem Betrieb zur Nutzung zur Verfügung stehendem Eigenkapital und

b) dem zu Gunsten der Gläubiger haftenden Kapital.

Auf Einzelheiten kann an dieser Stelle nicht eingegangen werden.

Frage

4. Warum ist es sinnvoll, Gestaltungen zuzulassen, bei denen vorhandenes (arbeitendes) und haftendes Eigenkapital differieren?

1.4.1.2. Die Selbstfinanzierung

Unter Selbstfinanzierung versteht man Finanzierung aus einbehaltenen Gewinnen; das zusätzliche Kapital wird dabei im Betrieb selbst erwirtschaftet (Innenfinanzierung).

Man unterscheidet offene und verdeckte (stille) Selbstfinanzierung. Bei der offenen Selbstfinanzierung werden Teile des Gewinnes dem Kapitalkonto gutgeschrieben oder – bei Kapitalgesellschaften – in offene Rücklagen eingewiesen bzw. als Gewinnvortrag für ein Jahr im Betrieb behalten.

Stille Selbstfinanzierung besteht in der Bildung stiller Rücklagen (stiller Reserven) durch Unterbewertung von Vermögensteilen oder Überbewertung von Schulden. Da durch stille Selbstfinanzierung der Gewinnausweis geschmälert wird, der die Grundlage der Gewinnausschüttungen bildet, kann sie besonders bei Kapitalgesellschaften die Interessen der Eigenkapitalgeber verletzen, wenn diese keinen Einfluß auf die Reservenbildung haben. Deshalb wurde zum Aktionärsschutz im Aktiengesetz von 1965 die Bildung stiller Rücklagen erschwert, indem statt der früher nur existierenden gesetzlichen Obergrenzen für den Wertansatz von Vermögensteilen nun ein gesetzlich vorgeschriebener Wertansatz bestimmt ist (Prinzip der Bestimmtheit des Wertansatzes oder Festwertprinzip).

Zur Selbstfinanzierung über die Bildung von Reserven ist jedoch folgender Hinweis erforderlich. Offene Reserven können nur in Gewinnjahren zu Lasten des Gewinnes gebildet werden. Sie mindern damit den Gewinnausweis, bzw. führen zur Einbehaltung in der Unternehmung und stellen damit zugleich Selbstfinanzierung dar. Stille Reserven sind bei ihrer Bildung dagegen nicht an das Vorhandensein von Gewinnen gebunden, denn sie stellen zusätzliche Verbuchungen von Aufwendungen oder verminderte Verbuchungen von Erträgen dar; sie können damit auch zur Entstehung buchmäßiger Verluste führen. Selbstfinanzierung stellen sie somit erst dann dar, wenn diese Verluste gegen zukünftige Gewinne verrechnet werden.

Offene und stille Selbstfinanzierung kann vom Gesetzgeber erzwungen sein, z.B. durch Bestimmungen über gesetzliche Rücklagen oder durch gesetzliche Aktivierungsverbote oder eine zu niedrige Begrenzung des Wertansatzes für Vermögensgegenstände bzw. zu hohe Begrenzung für Fremdkapitalbeträge, sie kann aber auch freiwillig und bewußt von der Betriebsführung vorgenommen werden, indem diese z.B. freiwillige offene Rücklagen bildet oder im Rahmen gesetzlicher Bewertungsspielräume stille Reserven legt. Stille Selbstfinanzierung kann daneben auch unbewußt vorgenommen werden, wenn die Betriebsleitung z.B. den Wert von Aktivposten bei der Bilanzierung unbewußt unterschätzt.

Selbstfinanzierung bringt für den Betrieb viele Vorteile: Sie erspart den besonders bei Kapitalgesellschaften durch die Zuführung von Eigenkapital von außen entstehenden Aufwand (Kosten der Kapitalerhöhung), es werden keine neuen Gesellschafter benötigt, die Herrschaftsverhältnisse verschieben sich nicht. Schließlich braucht nicht im gleichen Maß wie bei Außenfinanzierung Rechenschaft über den Einsatz der Mittel gegeben werden, wodurch der Konkurrenz der Einblick in Forschungs- und Investitionsabsichten erschwert wird. Dazu ermöglicht Selbstfinanzierung die zeitliche Verlagerung von Gewinnausschüttungen und verhindert die bei Gewinnausschüttung eintretende Liquiditätsverschlechterung.

Im Vergleich zur Aufnahme von Fremdkapital entfallen bei der Selbstfinanzierung feste Zinszahlungen, Tilgungsverpflichtungen und Kapitalbeschaffungskosten, was liquiditätsmäßig und hinsichtlich der Preisuntergrenze vorteilhaft ist. Daneben entfällt das Stellen von Sicherheiten, und die Erhöhung des Eigenkapitals wirkt sich günstig auf zukünftige Kreditaufnahmemöglichkeiten aus.

Besonders wichtig ist die Selbstfinanzierung in Zeiten, in denen der Kapitalmarkt schlecht funktioniert, so nach dem letzten Weltkrieg. Die Selbstfinanzierung kann dann die alleinige Kapitalquelle zur Durchführung von Betriebserweiterungen sein.

Die Gefahren der Selbstfinanzierung resultieren daraus, daß das Fehlen einer externen Kontrolle leicht dazu führen kann, daß Fehlinvestitionen durchgeführt werden, weil keine genügend strenge Rentabilitätsbeurteilung erfolgt. Diese Gefahr wird noch dadurch vergrößert, daß verdeckte Selbstfinanzierung die Rentabilitätsrechnung sehr erschwert. Bei der Bildung stiller Rücklagen wird die Rentabilität niedriger ausgewiesen als sie ist; in Jahren der Beibehaltung stiller Rücklagen wird eine zu hohe Rentabilität ausgewiesen und bei der Auflösung wird sogar eine stark überhöhte Rentabilität vorgespiegelt. Da der Umfang vorhandener stiller Rücklagen auch für erfahrene Mitglieder der Betriebsleitung kaum genau feststellbar ist, liegt darin eine echte Gefahr. Durchgeführte Investitionen werden beim Vorhandensein stiller Rücklagen leicht günstiger als der Realität entsprechend beurteilt, und es besteht die Gefahr, daß gleiche Investitionen wiederholt werden, die bei richtiger Rentabilitätsrechnung nicht mehr durchgeführt worden wären.

Frage

5. Können Sie die rentabilitätsverfälschende Wirkung stiller Rücklagen an einem Beispiel demonstrieren?

Weiter kann es von Nachteil sein, daß durch Selbstfinanzierung die Fungibilität der Geschäftsanteile sinkt, da ihr innerer Wert durch die Selbstfinanzierung steigt.

Auch auf volkswirtschaftliche Gefahren sei kurz hingewiesen. Die Selbstfinanzierung trocknet den Kapitalmarkt aus, da die Gewinne in den Unternehmungen zurückgehalten werden. Durch die geschilderte Rentabilitätsverfälschung bei stiller Selbstfinanzierung und die Ausschaltung des Kapitalmarktes mit seiner Selektionsfunktion wächst die Gefahr der Fehlinvestition besonders bei guter Gewinnlage, d.h. in der Hochkonjunktur, wodurch die Selbstfinanzierung zur Konjunkturüberhitzung beitragen kann.

1.4.2. Die Fremdfinanzierung

1.4.2.1. Allgemeines über die Fremdfinanzierung

Fremdfinanzierung ist Finanzierung mit Kreditkapital, das nach einer bestimmten Frist wieder zurückgezahlt werden muß.

Vorteile der Fremdfinanzierung bestehen darin, daß keine Veränderung der Herrschaftsrechte eintritt, da keine neuen Gesellschafter aufgenommen werden, daß die Zinsen steuerlich abzugsfähige Betriebsausgaben sind und das Fremdkapital bei der Ermittlung des steuerpflichtigen Vermögens abzugsfähig ist. Außerdem kann sich der Betrieb durch kurzfristige Fremdfinanzierung leichter an Kapitalbedarfsschwankungen anpassen, als das bei reiner Eigenfinanzierung möglich ist. Für das große Ausmaß der Fremdfinanzierung in der Praxis ist allerdings auch wichtig, daß Eigenkapital nicht in ausreichendem Maß zu bekommen ist und daß sich beim Einsatz von Fremdkapital die Möglichkeit zum Ausnutzen des Leverage-Effektes ergibt.

Nachteile des Fremdkapitaleinsatzes liegen vor allem darin, daß die Zins- und Tilgungszahlungen sich auf die Liquidität nachteilig auswirken, da sie im Gegensatz zu Gewinnausschüttungen an Eigenkapitalgeber zu genau fixierten Zeitpunkten in festgelegter Höhe fällig werden. Diese Zahlungsverpflichtungen führen auch dazu, daß die liquiditätsmäßige Preisuntergrenze höher liegt als bei Eigenfinanzierung. Weitere Nachteile ergeben sich durch die Notwendigkeit, Sicherheiten zu stellen, was außer Aufwendungen oft auch Verfügungsbeschränkungen mit sich bringt. Außerdem darf nicht übersehen werden, daß die Sicherheiten dem Fremdkapitalgeber die Möglichkeit einräumen sollen, sich aus ihnen zu befriedigen, wenn der Schuldner seinen Verpflichtungen nicht pünktlich nachkommt und daß deshalb u.U. selbst vorübergehende Schwierigkeiten des Betriebes dazu führen können, daß dem Betrieb durch die Verwertung der Sicherheiten schwerer Schaden entsteht.

Schließlich kann die Aufnahme sehr großer Kredite u.U. dazu führen, daß der Betrieb in Abhängigkeit vom Gläubiger gerät, indem dieser sich wichtige Kontrollrechte oder sogar Mitbestimmungsmöglichkeiten vorbehält.

Im folgenden soll ein Überblick über die Möglichkeiten der Fremdkapitalaufnahme gegeben werden.

1.4.2.2. Formen der langfristigen Fremdfinanzierung

1.4.2.2.1. Das langfristige Darlehen

Unter einem Darlehen versteht man nach § 607 Abs.1 BGB die Hingabe von Geld (oder anderen vertretbaren Sachen) mit der Vereinbarung, daß der Empfänger Sachen gleicher Art, Güte und Menge zurückzugeben hat.

Dabei werden in der Regel genaue Vereinbarungen über Zins, Laufzeit, Rückzahlungsweise usw. getroffen. Langfristige Darlehen werden vor allem zur Finanzierung von Grundstücken oder Gebäuden sowie Schiffen usw. gewährt, wobei die Besicherung durch Einräumung von Grund- (bzw. Schiffs-)pfandrechten, d.h. Hyptheken oder Grundschulden, erfolgt. Sie werden vor allem von den sog. Realkreditinstituten (z.B. Hypothekenbanken), Sparkassen, Versicherungen und Bausparkassen, aber auch von anderen Instituten und von Privatpersonen gewährt.

Nach der vereinbarten Rückzahlungsart unterscheidet man

- Kündigungsdarlehen (die auf Kündigung zurückgezahlt werden),
- Rückzahlungsdarlehen (die zu bestimmter Zeit in einem Betrag zurückgezahlt werden),
- Annuitätendarlehen (die durch Zahlung gleicher Raten (Annuitäten) zurückgezahlt werden, die Zins- und Tilgungsanteil umfassen) und
- Tilgungsdarlehen (die durch gleiche Tilgungsraten zurückgezahlt werden).

Die Wahl der Tilgungsart hangt außer von der Absicht des Gläubigers vor allem vom gewählten Zweck ab, für den das Darlehen gewährt wird.

Das langfristige Darlehen ist die Grundform langfristiger Fremdfinanzierung, aus der sich jedoch einige, heute oft als selbständig angesehene Spezialformen entwickelt haben, zu denen die im folgenden behandelten Schuldscheindarlehen und Darlehen unter Ausgabe von Schuldverschreibungen gehören.

1.4.2.2.2. Das Schuldscheindarlehen

Die Bezeichnung Schuldscheindarlehen hat sich für langfristige Darlehen eingebürgert, die im typischen Fall ohne Einschaltung einer Bank von Versicherungsgesellschaften an große Industrie- und Handelsunternehmen gewährt werden. Dabei werden unter Einschaltung eines Finanzmaklers oft sehr große Kreditbeträge von verschiedenen Gläubigern beschafft und u.U. durch ein mit dem Makler verbundenes Spezialinstitut langfristige Darlehen zugesagt, während dieses sich durch im Zeitablauf einander ablösende weniger langfristige Mittel refinanziert (Revolving-System).

Schuldscheindarlehen wurden ursprünglich nur an *erste Adressen* vergeben, d.h. an bekannte Großunternehmen mit hervorragender Kreditwürdigkeit. Das führte dazu, daß sie zu einem zinsgünstigen Weg der Kapitalbeschaffung wurden, bei dem außerdem Flexibilität hinsichtlich der Höhe der jeweiligen Kreditinanspruchnahme, geringere Kapitalbeschaffungskosten und größere Freiheit bei der Wahl der Besicherungsart weitere Vorteile boten.

Allerdings ergeben sich Beschränkungen aus den Bestimmungen über die Deckungsstockfähigkeit solcher Darlehen. Die Versicherungsgesellschaften müssen in der Regel darauf achten, daß die Bedingungen für die Anerkennung der Deckungsstockfähigkeit erfüllt werden, da das meiste von ihnen langfristig anzulegende Kapital zum Deckungsstock gehört.

Eine Ausweitung des Geschäftes wurde deshalb vor allem dadurch erreicht, daß als Schuldner Kreditinstitute auftreten, die auf diese Weise gegebene langfristige Darlehen refinanzieren.

Das Schuldscheindarlehen hat seinen Namen vom in der Regel bei Darlehensgewährung ausgestellten Schuldschein, der im Gegensatz zur Obligation oder Schuldverschreibung kein Wertpapier ist, sondern nur der Beweissicherung und der Umkehr der normalerweise beim Gläubiger liegenden Beweislast dient. Der Begriff Schuldscheindarlehen wird zur Unterscheidung vom Darlehen unter Ausgabe von Schuldverschreibungen auch verwendet, wo auf die Ausstellung eines solchen Scheines verzichtet wird.

1.4.2.2.3. Darlehen unter Ausgabe von Schuldverschreibungen

Große Unternehmen können sich langfristiges Fremdkapital auch unter Ausgabe von Wertpapieren über den Kapitalmarkt beschaffen. Die erforderliche Erlaubnis zur Ausgabe von solchen Schuldverschreibungen oder Obligationen wird jedoch vom zuständigen Bundesministerium im Einvernehmen mit der zuständigen Landesbehörde allgemein nur großen Kapitalgesellschaften erteilt.

Merkmal einer Inhaber- oder Orderschuldverschreibung ist es nach dem BGB, daß in ihnen die Zahlung einer bestimmten Geldsumme an den an der Urkunde Berechtigten versprochen wird.

Der Inhaber einer Teilschuldverschreibung kann deshalb ohne Einwilligung des Schuldners, der die Urkunde ausgegeben hat, sein eingesetztes Kapital wiedererhalten, wenn er die Schuldverschreibung über die Börse an einen anderen verkauft.

Entsprechende Urkunden werden in bestimmter Stückelung über Teilbeträge der gesamten Darlehenssumme ausgestellt und den Kapitalgebern ausgehändigt.

Die Stückelung in kleine Beträge (mindestens 100,– DM) und die gute Liquidierbarkeit des in börsengängigen Wertpapieren gebundenen Kapitals ermöglichen es, durch Ansprechen kleinerer Anleger hohe Kapitalbeträge aufzunehmen.

Schuldverschreibungen laufen in der Regel mindestens neun Jahre; es gibt wesentlich längere Laufzeiten. Sie werden zu einem festen Satz verzinst. Da der Rückzahlungskurs meist höher liegt als der Ausgabekurs (Differenz: Abgeld oder Disagio), entsteht eine zusätzliche Verzinsung, durch die es möglich wird, bei einem nominellen Zinssatz, der auf volle oder halbe Prozente lautet, die effektive Verzinsung der Anleihe genauer auf die Kapitalmarktverhältnisse des Ausgabezeitpunktes abzustimmen.

Als Sonderformen von Schuldverschreibungen privater Betriebe sollen noch genannt werden:

- die Gewinnschuldverschreibung, bei der den Kapitalgebern neben oder anstatt eines festen Zinses ein Anspruch auf Gewinnbeteiligung gewährt wird,
- die Wandelschuldverschreibung, deren Inhaber das Recht hat, sie zu bestimmten Terminen und zu einem bestimmten Kurs in Aktien der ausgebenden Unternehmung *umzutauschen* und
- die Optionsanleihe, bei der neben der Schuldverschreibung ein gesondertes Anrecht auf den Erwerb von Aktien zu bestimmten Bedingungen gewährt wird, so daß der Inhaber *zusätzlich* zur Obligation noch Aktien erwerben kann.

1.4.2.3. Formen der kurzfristigen Fremdfinanzierung

1.4.2.3.1. Der Lieferantenkredit

Man kann zwei Arten des Lieferantenkredits unterscheiden, den Ausstattungs- und den Lieferungskredit. Beim Ausstattungs- oder Einrichtungskredit gewährt der Lieferant Betrieben der Folgestufe einen Barkredit, der dem Betrieb die Möglichkeit gibt, sich die erforderlichen Einrichtungsgegenstände zu beschaffen.

Entsprechend der Verwendung der Kreditmittel beim Kreditnehmer ist der Ausstattungskredit in der Regel allerdings als langfristiger Kredit zu gewähren. Der Kauf der Einrichtungsgegenstände erfolgt nicht beim Kreditgeber, sondern bei anderen Betrieben. Das Interesse des Kreditgebers ist in diesem Fall darauf gerichtet, den Kreditnehmer über die Kreditgewährung als Abnehmer für seine Leistungen zu gewinnen. Die Kreditgewährung kann mit einer Abnahmeverpflichtung für diese Leistungen verbunden sein. Typische Beispiele dafür finden wir in der Finanzierung von Gaststätten durch Brauereien und von Tankstellen durch Ölgesellschaften.

Die Kreditrückzahlung kann so geregelt sein, daß der Kreditnehmer für die Lieferungen des Kreditgebers einen Preis zahlt, der um einen Zuschlag für Zinsen und Tilgung erhöht ist. Daneben sind auch Rückzahlungsbedingungen möglich, die wie bei anderen Kreditgewährungen unabhängig von den Abnahmemengen sind.

Der Lieferungskredit beruht auf völlig anderen Grundlagen. Hier tritt der Lieferant nicht nur als Kreditgeber eines Barkredites auf, sondern die Kreditgewährung steht in unmittelbarem Zusammenhang mit einer Lieferung. Daher bezeichnen viele Autoren auch nur diesen Lieferungskredit als Lieferantenkredit. Ihm liegt zunächst ein Kaufvertrag zwischen dem Kreditgeber (Lieferant) und dem Kreditnehmer (Abnehmer) zugrunde. Die Kreditgewährung kommt darin zum Ausdruck, daß der Lieferant dem Abnehmer die geldliche Gegenleistung stundet.

Diese Kreditgewährung kann verschieden gestaltet werden. Wenn der vom Lieferanten in Rechnung gestellte Preis ein Barpreis ist, kann dem Abnehmer die Möglichkeit gewährt werden,

- Zahlung durch ein Akzept über den Rechnungsbetrag zu leisten, wenn er auch Wechselsteuer, Diskont und Spesen übernimmt, oder
- die Zahlung bis zu einem vereinbarten Termin hinauszuschieben, wenn er dafür entsprechende Zinsen zahlt.

Häufiger aber ist der vereinbarte Preis ein Zielpreis, d.h. er bezieht sich auf Zahlung nach einer vereinbarten Frist nach Lieferung oder Rechnungsstellung. Bei früherer Zahlung innerhalb einer benannten Zeitspanne nach Rechnungseingang ist der Abnehmer berechtigt, von diesem Zielpreis einen benannten prozentualen Abschlag (Skonto = Preisnachlaß für verfrühte Zahlung) vorzunehmen.

Die Gewährung der Lieferungskredite bedeutet für den Abnehmer je nach dem Verhältnis von durchschnittlicher Umschlagsdauer und Kreditzeit eine volle oder anteilige Finanzierung seiner Lagerhaltung und u.U. der eigenen Lieferungskreditgewährung.

Tritt der Lieferungskredit in der Form des mit einer Skontoklausel versehenen Zielverkaufspreises in Erscheinung, was speziell für den Absatz von Herstellerbetrieben und Großhandelsbetrieben überwiegend zutrifft, dann ist die Inanspruchnahme dieses Kredites in der Regel mit hohen Kreditkosten zu Lasten des Kreditnehmers verbunden.

Tabelle 4

Kreditfrist	Skontozeit	Skontosatz %	Jahressatz %	entspricht Bankzins %
4 Wochen	sofort	2	26,0	26,5
4 Wochen	1 Woche	2	34,7	35,4
4 Wochen	1 Woche	3	52,0	53,6
6 Wochen	1 Woche	3	31,2	32,2
8 Wochen	1 Woche	3	22,3	23,0

Tabelle 4 gibt einen Überblick über einige mögliche Skontobedingungen und die entsprechenden Zinssätze, bezogen auf ein Jahr. Die Jahreszinssätze wurden dabei nur überschlägig berechnet, indem der gewährte Skontosatz auf 52 Wochen umgerechnet wurde. Um sie mit Bankzinsen vergleichbar zu machen, müssen sie jedoch statt auf den am Ende der Zielzeit zu zahlenden Zielpreis auf den Barpreis nach Abzug des Skonto bezogen werden, wodurch sich die Sätze nochmals erhöhen (vgl. Spalte „entspricht Bankzins“).

Diese hohen Kreditkosten sollten die Abnehmer veranlassen, so weit wie möglich den Barpreis in Anspruch zu nehmen und den Lagervorrat in anderer Weise – etwa durch Beanspruchung von Bankkrediten – zu finanzieren. Das trifft insbesondere dann zu, wenn der Skontosatz zu einem Mittel des Wettbewerbs wird, wie es seit einigen Jahren der Fall ist (Gewährung von indirekten Preisnachlässen durch Heraufsetzung des Skontosatzes). Damit wird gleichzeitig die Schaffung eines Abhängigkeitsverhältnisses gegenüber dem Lieferer verhindert.

Ein Vorteil des Lieferungskredites, der die hohen Kosten auch etwas weniger ins Gewicht fallen läßt, ist die große Flexibilität bei der Inanspruchnahme des Lieferungskredites, die etwa der Situation beim Kontokorrentkredit entspricht, während bei den meisten anderen Formen des kurzfristigen Kredites ein bestimmter Betrag für eine vereinbarte Zeit in Anspruch genommen werden muß, was diese Kredite verteuert, wenn zeitweise nur ein Teil der Kreditsumme benötigt wird.

1.4.2.3.2. Der Kundenkredit

Eine umgekehrte Situation zeigt sich beim Kundenkredit. Hier leistet der Käufer eine Zahlung, bevor der Verkäufer oder der Hersteller eines Werkes seine Leistung erbringt. Der Kundenkredit ist von Bedeutung im Rahmen von Werkverträgen, wenn Individualleistungen mit einem erheblichen Kapitalbedarf und einer längeren Herstellzeit erstellt werden. Der Vorauszahlung kommt in diesen Fällen eine doppelte Bedeutung zu; sie dient der Finanzierung der Herstellung sowie der Sicherung der Abnahme. Wir finden sie überwiegend im Schiffsbau, im Wohnungsbau, Brückenbau und in der Maschinenindustrie bei der Herstellung von Spezialmaschinen.

Aus Sicherheitsgründen muß der Hersteller dabei oft eine Bankbürgschaft (Aval) oder eine Kautionsversicherung über den Vorauszahlungsbetrag beschaffen, durch die bei Nichterfüllung des Vertrages die Rückgabe der Vorauszahlung gesichert ist.

1.4.2.3.3. Der Bankkredit

1.4.2.3.3.1. Der Kontokorrentkredit

Das Kontokorrent ist ein in §§ 355 bis 357 HGB geregeltes Verfahren der Aufrechnung von gegenseitigen Forderungen und Verbindlichkeiten zwischen Kaufleuten. Die einzelnen im Kontokorrent erfaßten Beträge verlieren mit ihrer Einstellung in das Kontokorrent ihre Selbständigkeit, so daß nur noch der Saldo rechtliche Bedeutung hat. Die Aufrechnung (Saldenermittlung) erfolgt heute oft nach jeder Buchung. Dabei können sowohl Soll- als auch Habensalden auftreten.

Die Einrichtung eines Kontokorrentverkehrs zwischen einer Bank und ihrem Kunden erfolgt üblicherweise durch Einrichtung eines Kontos für den Zahlungsverkehr (Girokonto). Damit ist nicht zwangsläufig das Recht des Kunden verbunden, von der Bank Kredit in Anspruch zu nehmen. Ein Kontokorrent kann ohne ein derartiges Kreditverhältnis bestehen. Überschreiten die Verfügungen des Kunden sein Guthaben, ohne daß ihm eine Kreditzusage gewährt wurde, so liegt damit eine Kontoüberziehung vor, für die die Bank eine Überziehungsprovision berechnet, sofern sie auf Grund der Anweisung des Kunden den Kredit einräumt. Diese Überziehungsprovision liegt höher als die reguläre Kreditprovision (Bereitstellungsprovision).

Es ist aber meist, zumindest nach einer gewissen Zeit, ein Kreditlimit festgesetzt, das der Kunde in Anspruch nehmen kann. Steht eine Bank mit einem Kunden im regelmäßigen Kontokorrentverkehr, so bekommt sie damit einen Einblick in verschiedene Gegebenheiten, die für die Beurteilung der Kreditwürdigkeit des Kunden von Bedeutung sind, wie Bankumsatz, Kreis der Lieferanten, Kreis der Abnehmer, regelmäßige Zahlungsverpflichtungen, regelmäßige Einnahmen, Pünktlichkeit von Zahlungen u.ä. Der Kontokorrentkredit kann in den verschiedensten Formen besichert werden. Er ist nicht ursprünglich mit bestimmten Sicherheiten verbunden.

Unter dem Gesichtspunkt der Sicherheit ist die Bestimmung des § 356 HGB zu beachten: „Wird eine Forderung, die durch Pfand, Bürgschaft oder in anderer Weise gesichert ist, in die laufende Rechnung aufgenommen, so wird der Gläubiger durch die Anerkennung des Rechnungsabschlusses nicht gehindert, aus der Sicherheit insoweit Befriedigung zu suchen, als sein Guthaben aus der laufenden Rechnung und die Forderung sich decken."

Der Kontokorrentkredit kann durch Barabhebung des Kreditnehmers, Barabhebung eines Scheckgläubigers, Überweisung und Einlösung von Wechseln mit Zahlstellenvermerk in Anspruch genommen werden.

Das Kontokorrent eignet sich in besonderer Weise für die Gewährung und Inanspruchnahme von Betriebskrediten. Die Bank kann übersehen, ob der Kredit zu den vorgesehenen Zwecken beansprucht wird.

Das Ausmaß der Kreditinanspruchnahme kann Schwankungen unterliegen, da alle Kontobewegungen den Saldo des Kontokorrent und damit den Kreditbetrag verändern.

Obwohl der Kontokorrentkredit formal ein kurzfristiger Kredit ist, ist die Möglichkeit einer ständigen Prolongation gegeben. Ein großer Teil der Kontokorrentkredite hat entsprechend de facto langfristigen Charakter. Eine plötzliche Kündigung solcher ständiger Kontokorrentkredite kann u.U. zu erheblichen Schwierigkeiten für den Betrieb führen.

Trotz relativ hoher Zins- und Spesensätze ist der Kontokorrentkredit wegen seiner Flexibilität oft wirtschaftlich, da die Zinsen nur auf die jeweils in Anspruch genommene Höhe zu zahlen sind, während die meisten anderen Kredite in feststehender Höhe gewährt werden.

Der Kontokorrentkredit umfaßt den größten Teil aller Bankkredite nach Zahl und Umfang.

1.4.2.3.3.2. Der Wechseldiskontkredit

Der Wechseldiskontkredit besteht im Ankauf von Wechseln durch eine Bank, auch Diskontierung von Wechseln genannt. Für Banken liegt in dem Diskontgeschäft ein günstiger Weg für eine rentable Anlage von liquiden Mitteln, ohne daß ihre Liquidität berührt wird, sofern die Wechsel den Rediskontierungsanforderungen der Bundesbank entsprechen.

In § 19 des Gesetzes über die Deutsche Bundesbank sind folgende Bedingungen für die Rediskontierung genannt:

a) Haftung durch drei als zahlungsfähig bekannte Verpflichtete.
b) Die Wechsel müssen innerhalb dreier Monate, vom Tag des Ankaufs an gerechnet, fällig sein.
c) Es sollen gute Handelswechsel sein.

Dazu kommen noch zahlreiche Beschlüsse des Zentralbankrates über den Ankauf von Wechseln und strenge formale Bestimmungen, die die Rediskontfähigkeit einengen.

Sind die Voraussetzungen für eine Rediskontierung gegeben und ist das Rediskontkontingent des den Wechsel bei der Bundesbank oder ihren Filialen (Landeszentralbanken) einreichenden Institutes nicht erschöpft, kann das Kreditinstitut sich durch Rediskontierung der angekauften Wechsel zu jeder Zeit wieder liquide Mittel verschaffen, indem es durch Rediskontierung auf einen Kredit der Bundesbank zurückgreift.

Den Kreditinstituten bleibt es überlassen, auch solche Wechsel zu diskontieren, die den Rediskontbestimmungen nicht entsprechen. Sie verschließen sich damit die Rediskontmöglichkeit, müssen also den Kredit für die volle Laufzeit aus eigenen Mitteln gewähren. Die Gewährung von Diskontkrediten wird den Banken dadurch besonders erleichtert, daß ihre Realisierung verhältnismäßig einfach und sicher ist. Der Wechsel ist ein abstraktes Schuldversprechen, das losgelöst von dem ursprünglichen Schuldverhältnis besteht und der besonderen Strenge des Wechselrechts unterliegt (Vereinfachung im Wechselprozeß, da nur Einreden gegen die Urkunde oder die Person des Forderungsberechtigten möglich sind). Außerdem kann jede Person, deren Unterschrift auf dem Wechsel erfaßt ist, bei Nichteinlösung durch den Schuldner und rechtzeitiger Protesterhebung im Regreßwege in Anspruch genommen werden, ohne daß eine Wechselklage erhoben werden muß.

1.4.2.3.3.3. Der Akzeptkredit

Beim Akzeptkredit handelt es sich um einen Wechselkredit, bei dem die Bank einen vom Kunden auf sie gezogenen Wechsel unter der Bedingung akzeptiert, daß der Kunde den Gegenwert vor Fälligkeit der Bank zur Verfügung stellt. Der Kunde kann nun das Bankakzept zahlungshalber weitergeben oder sich flüssige Mittel im Wege der Diskontierung bei einer anderen oder auch bei der akzeptierenden Bank beschaffen.

Das Akzept der Bank gibt dem Wechsel eine weitgehende Sicherheit und Fungibilität. Die Bank hat also dem Kunden ihre Kreditwürdigkeit geliehen (Kreditleihe). Das Interesse des Kunden liegt in den besonders günstigen Kreditkosten. Akzepte der Banken werden von Banken zum Privatdiskontsatz diskontiert. Dieser liegt in der Regel um 3/4 bis 1 1/4 % unter dem Diskontsatz. Diese Begünstigung kann besonders die größeren Kunden einer Bank veranlassen, die Einräumung eines Akzeptkredites zu verlangen; dabei wird die Bank, wenn es ihre Liquiditätsverhältnisse gestatten, den akzeptierten Wechsel auch selbst diskontieren, um sich dieses zweite Geschäft mit dem Kunden zu sichern. Dieser Eigendiskontierung kommt noch eine weitere Bedeutung zu. Die Banken sind bemüht, einen Teilbetrag der Liquiditätsreserve in der Form von Privatdiskonten zu halten, da diese einen besonders hohen Liquiditätsgrad aufweisen. Es hat sich aus der Praxis ergeben, daß die Banken eigene Wechsel zu diesen Zwecken austauschen. Damit wird das eigene Akzept durch jenes einer anderen Bank ersetzt.

Nur wenn die Bank im Augenblick aus Liquiditätsüberlegungen nicht in der Lage ist, das eigene Akzept zu diskontieren, wird sie damit einverstanden sein, daß der Kreditnehmer es anderweitig verwendet, um den Kredit auszunutzen.

1.4.2.3.3.4. Der Avalkredit

Bei der Einräumung eines Avalkredites gewährt die Bank einer dritten Person eine Bürgschaft für gegenwärtige oder zukünftige Zahlungsverpflichtungen ihres Kunden. Der Kunde der Bank bleibt also weiterhin der eigentliche Schuldner, die Bank tritt als Bürge hinzu.

Die besondere Funktion, die die Bank hier übernimmt, liegt also – ähnlich wie beim Akzeptkredit – in ihrer Zahlungsfähigkeit begründet. Eine Gewährung von Zahlungsmitteln ist mit dieser Kreditart ursprünglich nicht verbunden, so daß der Avalkredit gleichfalls als eine Kreditleihe anzusprechen ist.

Die Bankbürgschaft ist immer dann von Bedeutung, wenn der Kunde der Bank bei anderen Personen eine Stundung der diesen gegenüber bestehenden Zahlungsverpflichtungen anstrebt oder der Bankkunde gegenüber anderen Personen zukünftige Zahlungsverpflichtungen eingeht.

Schließlich ist die Bankbürgschaft von Bedeutung, wenn die dritte Person Vorauszahlung auf zukünftige Leistungen des Bankkunden vornimmt und der Dritte Sicherheiten verlangt.

Die im Avalkredit liegende Bankbürgschaft kann immer nur auf Zahlungsverpflichtungen gerichtet sein und nicht auch auf Lieferungsverpflichtungen. Im Zusammenhang mit Lieferungsverpflichtungen kann sich eine Bank niemals dafür verbürgen, daß der Schuldner seiner Lieferungsverpflichtung nachkommt, sondern nur dafür, daß bei Auslösung der geldlichen Konventionalstrafe diese erfüllt wird.

Beispiele für den Avalkredit sind Bürgschaften für vorgesehene Vertragsstrafen, Gewährleistungsverpflichtungen, ausstehende Einlagen, erhaltene Vorauszahlungen, Steuern, Zölle und Wechselverpflichtungen.

1.4.2.3.3.5. Der Lombardkredit

Unter *lombardieren* versteht man allgemein die bankmäßige Beleihung von Wertpapieren oder Waren. Der Lombardkredit ist also ein Kredit auf der Grundlage der Verpfändung von Wertpapieren oder Waren. Ihm liegt somit eine dingliche Sicherheit an beweglichen Sachen, ein auf dem Sachenrecht beruhendes Recht zugrunde.

Eine gleiche sachliche Sicherheit wie beim Lombardkredit kann auch beim Kontokorrentkredit gegeben sein. Außerdem werden beide Kreditarten in der Regel als kurzfristige Kredite gewährt. Ein wesentlicher Unterschied ist aber darin zu sehen, daß der Lombardkredit auf einen festen Kreditbetrag lautet, der in einer Summe gewährt und in der Regel auch in einer Summe wieder abgelöst wird. Beim Kontokorrentkredit wird dagegen ein Höchstbetrag für die Kontoüberziehung zugestanden, während die Höhe des Kontokorrentkredites fortwährend Schwankungen unterliegen kann. Der durch eine Verpfändung von beweglichen Sachen besicherte Kontokorrentkredit wird daher auch als uneigentlicher (unechter) Lombardkredit bezeichnet. Der Lombardkredit unterscheidet sich weiterhin vom Kontokorrentkredit darin, daß er als Warenumschlagskredit und als Wertpapierspekulationskredit gewährt wird, während der Kontokorrentkredit als kurzfristiger Betriebskredit, als Saisonkredit, als Zwischenkredit und in Sonderfällen als Anlagekredit beansprucht wird.

Lombardierungsfähige bewegliche Sachen können u.a. sein:

> Edelmetalle, Wertpapiere und lagernde, schwimmende oder rollende Kaufmannswaren.

Der wohl häufigste Fall des Lombardkredites ist das Effektenlombardgeschäft. Für den Kreditnehmer ist die Beleihung seiner Effekten besonders vorteilhaft, wenn zum Zeitpunkt des Geldbedarfs eine Veräußerung der Papiere ungünstig erscheint oder er seinen Wertpapierbestand behalten möchte, weil sein Geldbedarf nur vorübergehend ist. Für den Kreditgeber liegt der Vorzug des Effektenlombards vor allem in der leichten Veräußerbarkeit der Wertpapiere. Gegen die Gefahr von Kursrückgängen, die eine Entwertung des Pfandobjektes verursachen würden, sichert sich der Kreditgeber dadurch, daß er das Pfand nur zu einem bestimmten Prozentsatz seines Wertes beleiht. Diese Beleihungsgrenze liegt um so höher, je leichter das Pfand verwertbar ist und je geringeren Kursschwankungen es ausgesetzt ist. Aus diesem Grunde werden üblicherweise börsengängige Staats- und Industrieanleihen, Kommunalobligationen und Pfandbriefe mit einem höheren Prozentsatz ihres derzeitigen Wertes beliehen als Aktien.

Auch die deutsche Bundesbank betreibt das Lombardgeschäft und gewährt Lombardkredite mit höchstens drei Monaten Laufzeit gegen Verpfändung von rediskontfähigen Wechseln und Schatzwechseln (jeweils bis zu 90 % ihres Nennwertes), bestimmten festverzinslichen Papieren, Schuldbuchforderungen und Ausgleichsforderungen (jeweils bis zu 75 % ihres Nennbetrages).

Im Gegensatz dazu betreibt die Bundesbank das Warenlombardgeschäft nicht. Kreditinstitute gewähren jedoch auch Warenlombardkredite.

Für die Lombardierung kommen nur Waren in Betracht, die der Kreditnehmer während der Kreditzeit entbehren kann, da die Waren aus dem alleinigen Besitz des Kreditnehmers ausscheiden müssen. Darin liegt eine wesentliche Einschränkung des Warenlombardgeschäfts. Eine zweite Einschränkung ist in der Sicherung des Pfandrechts zu sehen, sofern die Waren nicht bei einem Lagerhalter eingelagert sind, weil sie dann unter Mitverschluß der Bank zu halten sind. Befindet sich die Ware in Verwahrung bei einem Lagerhalter, so vereinfacht der über die Ware ausgestellte Lagerschein die Einräumung des Pfandrechts, da es sich um ein Wertpapier handelt, so daß nur unter Vorlage des Wertpapiers die Auslieferung verlangt werden kann.

Gegenüber der Lombardierung von Wertpapieren besteht aber auch in diesen Fällen noch die zusätzliche Schwierigkeit der Bestimmung der Beleihungsgrenze, eine Schwierigkeit, die sich insbesondere auch bei der Lombardierung rollender und schwimmender Waren ergibt.

1.4.2.4. Sonderformen der Fremdfinanzierung

1.4.2.4.1. Leasing

Beim Leasing handelt es sich um eine Form der Investitionsgüterbeschaffung, bei der auf Grund eines meist langfristigen Vertrages der sog. Leasinggeber sich verpflichtet, dem Leasingnehmer bestimmte Investitionsgüter gegen Zahlung eines festgesetzten (meist monatlichen) Entgelts zur Verfügung zu stellen. Da die Investitionsgüter im Eigentum des Leasinggebers verbleiben, kann man den Leasingvertrag als eine besondere Art des Mietvertrages ansehen, bei der als Mieter Gewerbetreibende auftreten und vorwiegend bewegliche Investitionsgüter (aber auch Immobilien) vermietet werden. Diese Beurteilung ist jedoch nicht voll zutreffend, da je nach den im Einzelfall getroffenen Vereinbarungen Verträge mit völlig verschiedenen wirtschaftlichen Inhalten vorliegen können.

Man unterscheidet daher nach den getroffenen Vereinbarungen zahlreiche Arten von Leasingverträgen, die heute meist je nach ihrem wirtschaftlichen Gehalt in zwei Gruppen eingeteilt werden.

Das sog. *finance leasing* umfaßt Verträge, bei denen die Grundmietzeit, während der eine Kündigung des Vertrages nicht möglich ist, meist in Anlehnung an die technische bzw. wirtschaftliche Nutzungsdauer des Mietgegenstandes festgelegt wird und bei denen das Investitionsrisiko (Risiko des zufälligen Unterganges, der wirtschaftlichen Überholung usw.) vom Leasingnehmer zu tragen ist. In diesen Fällen werden die Entgelte für die Überlassung so bemessen, daß die gesamten dem Leasinggeber für Anschaffung und Verwaltung des Leasinggutes entstehenden Kosten während der Grundmietzeit vom Leasingnehmer zu bezahlen sind. Ist die Grundmietzeit kürzer als die Nutzungsdauer vereinbart worden, wird dem

Leasingnehmer im allgemeinen für das Ende der Grundmietzeit eine Kaufoption oder eine Anschlußmietoption zugestanden. Dabei wird der Kaufpreis oder die sog. Folgemiete unter Berücksichtigung der vollen Amortisation des Leasinggutes festgesetzt und ist meist, gemessen am Wert des Leasinggutes, sehr niedrig. Bei dieser Form des Leasing ist der Leasingnehmer als Investor anzusehen, der lediglich statt herkömmlicher Fremdfinanzierung eine besondere Form der Finanzierung durch Leasingvertrag gewählt hat. Finance leasing stellt also wirtschaftlich eine besondere Variante der Fremdfinanzierung dar, bei der der Kapitalgeber (hier Leasinggeber) statt Geldkapital unmittelbar das gewünschte Sachkapital zur Verfügung stellt.

In diesen Merkmalen liegt auch zugleich der Ansatzpunkt dafür, das Leasing mit unter den Formen der langfristigen Fremdfinanzierung von Betrieben zu erfassen. Es ist in seiner wirtschaftlichen Bedeutung für den Leasingnehmer vergleichbar mit einem Erwerb der entsprechenden Güter in der Form des Abzahlungsgeschäftes oder – noch enger – in der Form des Mietkaufs. Es ist aber auch vergleichbar mit der Sacheinlage von Gesellschaftern. In allen Fällen werden dem Betrieb benötigte Investitionsgüter zur wirtschaftlichen Nutzung zur Verfügung gestellt. Nur die Rechtsstellung des Leasingnehmers zu diesen Gütern und im Verhältnis zu den Bereitstellern der Güter ist in den einzelnen Fällen unterschiedlich. Finance leasing ist die Regel bei Leasingverträgen über Maschinen und maschinelle Anlagen und ganze Betriebs- und Geschäftsausstattungen. Oft wählt sogar der Leasingnehmer die von ihm benötigten Anlagen beim Hersteller aus, bevor der Leasinggeber sie kauft.

Daneben gibt es eine andere Art von Leasingverträgen, bei denen Standardgüter wie z.B. Kraftfahrzeuge, Kopiergeräte, Datenverarbeitungs- und Fernmeldeanlagen und andere nicht speziell auf den Betrieb des Leasingnehmers abgestellte Geräte (z.B. Baumaschinen) ohne Vereinbarung einer festen Grundmietzeit oder unter Einräumung eines Kündigungsrechtes vermietet werden. Nach Ablauf eines Mietverhältnisses werden diese Güter vom Leasingunternehmer erneut vermietet oder auf dem Markt für Gebrauchtgüter verwertet. Diese Gruppe von Leasingverträgen, bei denen der Leasinggeber das Investitionsrisiko trägt, bezeichnet man als *operate leasing.* Sie stellen für den Leasingnehmer eine Alternative zur Eigeninvestition dar wie Miete und Pacht und haben mit Finanzierungsvorgängen nichts zu tun. Die Investitionstätigkeit und damit auch die Finanzierungsnotwendigkeit wird aus dem Betrieb ausgegliedert und dem Leasinggeber übertragen.

Als eine letzte Sonderform ist auf *sale and lease back* hinzuweisen. Dabei veräußert der Betrieb Teile seines Anlagevermögens an eine Leasinggesellschaft, um sie anschließend zur weiteren Nutzung wieder mit einem Leasingvertrag zu übernehmen. Bei diesem Vorgang werden liquide Mittel in Höhe des Verkaufspreises freigesetzt, über die endgültig neu disponiert werden kann. Dieser Vorgang ist daher dem nachfolgenden Abschn. 1.4.3 unterzuordnen.

1.4.2.4.2. Factoring

Als Factoring wird ein Verfahren bezeichnet, bei dem auf Grund eines langfristigen Vertrages die im Gewerbebetrieb eines Vertragspartners entstehenden Forderungen aus Warenlieferungen und Leistungen an den anderen Vertragspartner (Factor) verkauft werden. Der Factor bietet gleichzeitig ein ganzes Bündel von Leistungen an. Er trägt (ganz oder überwiegend) das Ausfallrisiko, übernimmt die Forderungen und deren Inkasso sowie alle damit zusammenhängenden Arbeiten der Debitoren- und Mahnbuchhaltung usw. Außerdem bietet er Finanzierungsleistungen an, indem er sich z.B. bereit erklärt, dem Klienten schon vor Fälligkeit den Betrag seiner Forderungen zur Verfügung zu stellen. Dadurch gibt der Factor seinem Kontrahenten, dem Verkäufer einer Ware, die Möglichkeit zu einer Stundung der Kaufpreisforderung gegenüber dem Käufer, ohne daß damit eine Finanzierungslast und ein Kreditrisiko für den Verkäufer verbunden ist. Die mit dem Kaufvertrag entstandene Forderung wird auf den Factor übertragen und ihr Gegenwert unter Abzug einer Marge für den Factor (ihre Höhe ist je nach den besonderen Vertragsinhalten unterschiedlich) dem Verkäufer vergütet. Da die Finanzierungsfunktion jedoch nicht das wesentliche Merkmal eines Factoringverhältnisses, sondern nach herrschender Meinung nur eine der Funktionen ist, die einen Factoringvertrag kennzeichnen, wäre es falsch, Factoring als eine besondere Finanzierungsform zu bezeichnen. Vielmehr bietet sich im Rahmen des Factoring lediglich neben anderen Leistungen eine spezielle Form der Finanzierung der Außenstände an. Bei einem Teil der Factoringverträge wird auf die Finanzierungsfunktion verzichtet. Der Kunde legt dann Wert auf die Dienstleistungsfunktionen des Factors und auf seine Beratung in Finanz-, Produktions-, Absatz-, Werbungs- und anderen Fragen, die besonders bei Spezialisierung des Factors auf bestimmte Märkte wertvoll sein kann.

1.4.2.4.3. Sonderformen der Finanzierung im Außenhandel

Bei der Finanzierung und Zahlungsabwicklung im Außenhandel treten besondere Probleme auf, die zur Entwicklung spezieller Formen des Zahlungs- und Kreditverkehrs führten. Die Notwendigkeit dazu ergab sich vor allem durch

- den großen Zeitbedarf für den Transport der Ware vom Verkäufer zum Käufer,
- geringere Kenntnis über die Kreditwürdigkeit und die Vertragstreue des Geschäftspartners sowie
- unterschiedliche Währungen und rechtliche Vorschriften in den einzelnen Ländern.

Die wichtigsten dieser Sonderformen des kurzfristigen Kredits im Außenhandel sind der Rembourskredit, das Akkreditiv und der Negotiationskredit.

1.4.2.4.3.1. Der Rembourskredit

Unter Rembours verstehen wir die Entrichtung des Kaufpreises für eine Ware im Überseegeschäft unter Einschaltung von Banken. Die Einschaltung der Bank geschieht auf Veranlassung des Importeurs, der ihr zur Gegenleistung (franz. rembourser = zurückerstatten) verpflichtet ist. Unter dem Begriff Rembours lassen sich daher die genannten verschiedenen Sonderformen der Außenhandelsfinanzierung gemeinsam erfassen.

Unter dem eigentlichen Rembourskredit (auch bezeichnet als Wechselrembours) verstehen wir dagegen eine Kreditform, die folgende Merkmale aufweist. Der Importeur beantragt bei seiner Bank (oder über seine Bank bei einer internationalen Bank bzw. der Bank des Exporteurs) die Einräumung eines Akzeptkredits zugunsten des Exporteurs zu seinen Lasten oder zu Lasten der Importeurbank. Die zur Akzepterteilung beauftragte Bank (Remboursbank) ist ermächtigt, einen vom Exporteur auf sie gezogenen Wechsel über den Gegenwert einer Warenlieferung an den Importeur als Wechselschuldner zu unterzeichnen und am Verfalltage zu honorieren. Als Sicherheit verlangt die Remboursbank in der Regel, daß ihr mit der Unterzeichnung der Tratte die über die Ware ausgestellten Dokumente übergeben werden.

Die erforderliche Übergabe der Dokumente gegen Akzeptleistung der Bank findet im Außenhandelsvertrag ihre Kennzeichnung durch die Klausel d/a (documents against acceptance).

1.4.2.4.3.2. Das Akkreditiv

Unter Akkreditiv ist allgemein der einer Bank erteilte Auftrag zu verstehen, einem Dritten (dem Begünstigten) aus dem Guthaben des Auftraggebers (des Akkreditivstellers) einen genannten Betrag zur Verfügung zu stellen. Ist die Auszahlung dieses Betrages nur an die Person des Begünstigten gebunden, so wird das Akkreditiv als Barakkreditiv bezeichnet. Hängt die Auszahlung dagegen von der Übergabe benannter Dokumente ab, so liegt ein Dokumenten- oder Warenakkreditiv vor. Das Akkreditiv ist somit zunächst eine reine Geschäftsbesorgung. Ihm fehlt, im Gegensatz zum Rembourskredit, eine Kreditgewährung. Diese tritt erst durch zusätzliche Absprachen zwischen dem Auftraggeber und der Bank in Erscheinung.

Von besonderer Bedeutung ist das Akkreditiv als Dokumenten-Akkreditiv im Außenhandel. Für dieses Akkreditiv wurden von der Internationalen Handelskammer im Jahre 1933 *Einheitliche Richtlinien und Gebräuche für Dokumenten-Akkreditive* aufgestellt, die zuletzt im Jahre 1962 revidiert und in dieser Fassung den Bankenvereinigungen zur Annahme ab 1.7.1963 empfohlen wurden. Die Annahme erfolgte in den folgenden Jahren in fast allen Ländern durch Bankenverbände oder durch einzelne Banken.

1.4.2.4.3.3. Der Negotiationskredit

Falls im Akkreditiv vereinbart wird, daß eine von der eröffnenden Bank beauftragte Bank im Lande des Verkäufers vom Begünstigten (Verkäufer) auf die eröffnende Bank gezogene Wechsel negoziieren (ankaufen) soll, liegt ein Negotiationskredit in Form einer *Order to Negotiate* vor. Der Negotiationskredit muß aber nicht mit einem Akkreditiv verbunden sein. Er liegt auch dann vor, wenn der Importeur oder die Importeurbank eine Bank veranlaßt, eine vom Exporteur auf den Importeur gezogene Tratte, begleitet von vorgeschriebenen Dokumenten, zu negoziieren. Dieser *Authority to Purchase* genannte Negotiationskredit birgt aber für den Verkäufer ein größeres Risiko, da er nur die Akzeptzusage des Käufers hat, während er bei der Order to Negotiate das Zahlungsversprechen der eröffnenden Bank aus dem Akkreditiv erhält.

Eine andere, vor allem im anglo-amerikanischen Raum gebräuchliche Verbindung von Akkreditiv und Negotiationskredit stellt der *Commercial Letter of Credit* (CLC) dar. Beim CLC handelt es sich um ein Zahlungsversprechen der Bank des Importeurs, das nicht an die Hausbank des Exporteurs, sondern an den Exporteur direkt gerichtet ist.

Die Bedeutung der Negotiationskredite wird aber wahrscheinlich in um so stärkerem Maße abnehmen, je mehr die *Einheitlichen Richtlinien für Dokumenten-Akkreditive* im internationalen Handelsverkehr angewendet werden, da sie in ihrer neuesten Fassung diese Sonderkreditformen weitgehend einschließen und sie damit mehr und mehr überflüssig erscheinen lassen.

1.4.3. Die Kapitalfreisetzung

Da der hier verwendete Finanzierungsbegriff alle Maßnahmen umfaßt, die der Versorgung des Betriebes mit disponiblem Kapital dienen, umfaßt die Deckung des Kapitalbedarfs neben der Beschaffung von zusätzlichem Kapital durch Aufnahme von Eigen- oder Fremdkapital auch jene Vermögensdispositionen, durch die gebundenes Kapital freigesetzt und dadurch wieder für erneute Bindungen disponibel wird.

Diese Vorgänge der Kapitalfreisetzung sollen jetzt betrachtet werden. Sie unterscheiden sich von den besprochenen Maßnahmen der Kapitalbeschaffung schon dadurch, daß sie nicht zu einer Vermehrung des der Betriebswirtschaft zur Verfügung stehenden Kapitals führen und deshalb nicht als Vergrößerung der Aktiv- und Passivseite der Bilanz sichtbar werden. Es handelt sich vielmehr um Vorgänge, die in bilanzieller Betrachtung einen Aktivtausch darstellen. Allerdings kann nicht bei jedem Aktivtausch von Kapitalfreisetzung, also einem Finanzierungsvorgang, gesprochen werden. Die weitaus meisten Vermögensumschichtungen vollziehen sich nämlich im Rahmen des betrieblichen Beschaffungs-, Produktions- und Absatzprozesses. Wenn dabei Rohstoffe in Erzeugnisse und Erzeugnisse in Forderungen gegenüber Kunden verwandelt werden, wird offensichtlich kein Kapital freigesetzt, sondern nur die Erscheinungsform des gebundenen Kapitals verändert. Selbst wenn dem Betrieb bei der Zahlung durch den Kunden liquide Mittel zufließen, kann kaum von Kapitalfreisetzung gesprochen werden, da diese Mittel zur Aufrechterhaltung des betrieblichen Leistungsprozesses sofort wieder in den Wertekreislauf eingefügt werden müssen und damit nicht zur Deckung eines neuen Kapitalbedarfs zur Verfügung stehen.

Nur jene Vermögensumschichtungen sind zugleich Finanzierungsvorgänge, bei denen Kapital für eine gewisse Zeit aus seiner bisherigen Bindung freigesetzt wird, so daß es Gegenstand einer neuen Anlageentscheidung sein kann.

Kapitalfreisetzungen, die als Finanzierungsvorgänge betrachtet werden müssen, gibt es zunächst bei der Veräußerung von nicht betriebsnotwendigen Vermögensteilen. Das dabei freigesetzte Kapital muß nicht wieder für die Beschaffung gleichartiger Vermögensgegenstände eingesetzt werden, sondern steht für neue Investitionsvorhaben zur Verfügung.

Einen ähnlichen Kapitalfreisetzungseffekt kann man bei der Verrechnung von Abschreibungen erzielen. Dabei gelten vier Voraussetzungen:

- in den Selbstkosten werden kalkulatorische Abschreibungen mit verrechnet,
- die beim Verkauf erzielten Preise decken die Selbstkosten,
- die Erlöse sind dem Betrieb in liquider Form zugeflossen (die Forderungen des Betriebes sind beglichen worden).

Unter diesen Voraussetzungen stehen dem Betrieb liquide Mittel in Höhe der verrechneten kalkulatorischen Abschreibungen zur Verfügung. Da jedoch in der Gewinn- und Verlustrechnung noch keine (bilanziellen) Abschreibungen verrechnet werden, werden sie dort als Gewinnbestandteil ausgewiesen und unterliegen deshalb der Steuer, evtl. auch der Gewinnausschüttung. Um die Beträge dem Betrieb zu erhalten, müssen daher auch Aufwendungen für Abschreibungen (bilanzielle Abschreibungen) vorgenommen werden:

- Die Verrechnung entsprechender bilanzieller Abschreibungen in der Gewinn- und Verlustrechnung sichert die Beträge vor Ausschüttung und Besteuerung.

Solange die so in den Erlösen mitvergüteten und dem Betrieb gesicherten Abschreibungsbeträge nicht zu Ersatzinvestitionen benötigt werden, vermehren sie die Bestände an liquiden Mitteln (Kapitalfreisetzungseffekt).

Diese liquiden Mittel können zur Finanzierung neuer Investitionen herangezogen werden. In diesem Fall ergibt sich zusätzlich zum Kapitalfreisetzungseffekt ein Kapazitätserweiterungseffekt (Lohmann-Ruchti-Effekt).
Dies soll durch ein einfaches Beispiel, Tabelle 5, erläutert werden:

Es wird ein Betrieb mit einem Bestand von 10 Maschinen errichtet.

Anschaffungswert je Maschine	5000,– DM
Abschreibung pro Jahr	1000,– DM

Die am Ende eines Jahres anfallenden Abschreibungen sind in den Erlösen gedeckt und werden sofort in Maschinen angelegt.

In diesem Beispiel wurde, um den Lohmann-Ruchti-Effekt in seinen Auswirkungen besonders deutlich zu machen, eine Investition der freigesetzten Abschreibungsbeträge in Maschinen gleicher Art angenommen. Dadurch läßt sich die Entwicklung der Kapazität infolge des Kapitalfreisetzungseffektes besser verfolgen. Die Periodenkapazität von 20000 Leistungseinheiten im Jahr 1 verdoppelt sich bis

Tabelle 5. Beispiel zum Lohmann-Ruchti-Effekt.

Jahr	Zahl der Maschinen Zu-gang	Ab-gang	Be-stand	Anschaffungs-wert des Bestandes DM	Abschreibungen auf Grund-ausstattung DM	Zusatz-maschinen DM	Buchwert des Bestandes DM	freies Kapital DM	Buchwert plus freies Kapital plus Reinve-stition DM	Kapazität (in Leistungseinheiten) Perioden-kapazität LE	Total-kapazität LE
1	10	–	10	50000	10000	–	40000	–	50000	20000	100000
2	2	–	12	60000	10000	2000	38000	2000	50000	24000	100000
3	2	–	14	70000	10000	4000	34000	1000	50000	28000	96000
4	3	–	17	85000	10000	7000	32000	3000	50000	34000	98000
5	3	–	20	100000	10000	10000	27000	3000	50000	40000	94000
6	4	10	14	70000	10000	4000	33000	2000	50000	28000	94000
7	3	2	15	75000	10000	5000	33000	2000	50000	30000	96000
8	3	2	16	80000	10000	6000	32000	3000	50000	32000	96000
9	3	3	16	80000	10000	6000	31000	4000	50000	32000	94000
10	3	3	16	80000	10000	6000	30000	–	50000	32000	92000
11	4	4	16	80000	10000	6000	34000	16000	50000	32000	100000
nach 11 Jahren											
Abschreibung Grundausstattung =					110000						
Abschreibung Zusatzmaschinen =						56000					

zum Jahr 5 (40000 LE) und beträgt schließlich 32000 LE. Die Totalkapazität dagegen verringert sich zunächst, erhöht sich dann jedoch wieder auf 100000 LE. Unter Totalkapazität ist dabei die Leistungsfähigkeit zu verstehen (im Beispiel gekennzeichnet durch die Zahl der mit der Maschine herstellbaren Leistungseinheiten), welche die Maschine während ihrer gesamten Lebensdauer herzustellen vermag. Die Periodenkapazität bestimmt dagegen jene Leistungsmenge, die die Maschine in jeder Teilperiode (z.B. in jedem Jahr) ihrer gesamten Lebensdauer zu erzeugen vermag. Dieses Beispiel (wie in der Regel die Beispiele zur Kennzeichnung des Lohmann-Ruchti-Effektes) unterstellt, daß die Leistungsfähigkeit der Maschine in jeder Teilperiode ihrer gesamten Lebensdauer gleichbleibt. Jede Teilperiode verzehrt also einen gleichen Teilbetrag der Totalkapazität jeder Maschine. Während der Nutzungsdauer der Maschine würde sich also die Totalkapazität um die jeweils schon ausgenutzten Periodenkapazitäten vermindern und am Ende der Nutzungsdauer = 0 sein. Dieser Verzehr an Teilen der Totalkapazität wird im Lohmann-Ruchti-Effekt über den Neuzugang von Totalkapazität aus der sofortigen Reinvestition der Abschreibungsgegenwerte ersetzt. Wenn im Beispiel die Totalkapazität zunächst sinkt, so ist die Ursache darin zu sehen, daß die Abschreibungsgegenwerte nicht in vollem Umfang in neuen Maschinen und damit Totalkapazitäten angelegt werden können, sondern Spitzenbeträge als freies Kapital verbleiben, die zur Anschaffung einer weiteren Maschine nicht ausreichen.

Die Reinvestition der Abschreibungsgegenwerte erhöht also die Periodenkapazitäten und sichert die Totalkapazität.

Das Beispiel, das zur Erläuterung herangezogen wurde, ist allerdings nicht so wirklichkeitsgetreu, daß man ähnlich große Kapazitätserweiterungen durch Abschreibungen in der betrieblichen Praxis erwarten darf. In der Realität wirken mehrere Faktoren, die die Auswirkungen des Kapazitätserweiterungseffektes begrenzen. Dabei sollen vor allem Preissteigerungen für die betroffenen Anlagegüter, die Notwendigkeit zur gleichzeitigen Erhöhung der finanzwirtschaftlichen Kapazität (Kapitalausstattung zur Finanzierung der laufenden Geschäftstätigkeit) und mangelnde Teilbarkeit der verwendeten Anlagen genannt werden.

Die Liquidation von nicht betriebsnotwendigen Vermögensteilen und die Finanzierung aus Abschreibungsgegenwerten sind nur die beiden wichtigsten Erscheinungsformen des Kapitalfreisetzungseffektes.

Auch bei zahlreichen anderen betrieblichen Vorgängen wird ein gewisser Kapitalfreisetzungseffekt erzielt, der jedoch hinsichtlich des Betrages des freigesetzten Kapitals und der Dauer der Kapitalfreisetzung in der Regel weniger bedeutend ist. Solche kleinen Freisetzungseffekte, die im Einzelfall durchaus für die betriebliche Finanzierung wichtig sein können, treten überall da auf, wo die in den Erlösen enthaltenen Entgelte für betriebliche Gütereinsätze vereinnahmt werden, bevor Ausgaben für die eingesetzten Güter anfallen (z.B. kalkulierte Entgelte für Garantieleistungen) oder wo die Verkaufserlöse nicht sofort wieder in den betrieblichen Wertekreislauf eingesetzt werden müssen, um den Leistungsprozeß unbehindert aufrecht zu erhalten.

2. Investitionsrechnung

2.1. Grundbegriffe und Aufgaben der Investitionsrechnung

2.1.1. Begriff und Arten der Investition

Der Begriff der Investition wird in der Betriebswirtschaftslehre nicht einheitlich verwendet. Es ist daher unumgänglich, ihn zu klären.

Im Augenblick der Gründung einer Unternehmung schlägt sich das zur Verfügung stehende Kapital einmal auf der Passivseite der Bilanz (Positionen des Eigen- und des Fremdkapitals) nieder, zum anderen zeigen sich die zur Verfügung stehenden finanziellen Mittel auf der Aktivseite der Bilanz (Positionen des Anlage- und Umlaufvermögens) zunächst als liquide Mittel (Bank, Kasse, Postscheck). Bevor mit der Durchführung des Betriebsprozesses begonnen werden kann, werden diese liquiden Mittel zur Beschaffung von Rohstoffen, Maschinen usw. verwendet. Diese Umwandlung von liquiden Mitteln in *andere* Vermögensteile bezeichnet man als Investition im weiteren Sinne.

In engerer Auslegung umschließt der Investitionsbegriff dagegen nur die Umwandlung liquider Mittel in Gegenstände des Anlagevermögens, und zwar sowohl des Sach- als auch des Finanzanlagevermögens.

Je nach dem Investitionsanlaß werden verschiedene Arten von Investitionen unterschieden. So bezeichnet man eine Investition, die die Produktionskosten senkt oder die Qualität des Produktionsprozesses verbessert, als *Rationalisierungsinvestition.* Eine Investition, mit der die vorhandene Produktionskapazität vergrößert wird, bezeichnet man als *Erweiterungsinvestition* und eine Investition schließlich, bei der verbrauchte Produktionsgüter zur Erhaltung der betrieblichen Leistungsfähigkeit ersetzt werden, als *Ersatzinvestition.* In der Praxis allerdings überwiegen die Mischformen. Einmal wirkt der Ersatz einer alten durch eine neue Maschine häufig rationalisierend, zum anderen sind Ersatzinvestitionen vielfach zugleich Erweiterungsinvestitionen, da abgenutzte Anlagen oft durch neue ersetzt werden, die eine höhere Fertigungskapazität besitzen.

Darüber hinaus ist noch eine andere Typisierung der Investitionen gebräuchlich, die hier erwähnt werden soll. Sie ist jedoch mehr für volkswirtschaftliche Betrachtungen von Interesse. So bezeichnet man die Gesamtheit der Investitionen, die ein Betrieb in einer Periode getätigt hat, als Bruttoinvestition. Diese setzt sich wiederum aus zwei Bestandteilen zusammen: erstens aus der Reinvestition (Ersatzinvestition), das ist der Teil der Bruttoinvestition, der auf die Ersatzbeschaffung verbrauchter Produktionsgüter entfällt, und zweitens aus der Nettoinvestition (Erweiterungsinvestition), das ist der Teil, der die Kapazität des Betriebes vergrößert.

2.1.2. Die Aufgaben der Investitionsrechnung

Wie bereits oben deutlich wurde, muß, um überhaupt produzieren zu können, zuvor investiert werden. Der Investitionstätigkeit kommt für die langfristige Entwicklung einer Unternehmung zentrale Bedeutung zu. Von ihr hängt es letzten Endes ab, ob die Unternehmung die gegebenen Marktchancen zu nutzen versteht, d.h. aber auch, ob sie sich gegenüber ihren Konkurrenten durchzusetzen vermag, oder ob sie diesen früher oder später ihren Platz überlassen muß. Die eigentliche Aufgabe der Investitionsrechnung liegt nun darin, sich um eine im Hinblick auf die Zielsetzung der Unternehmung optimale Gestaltung der Investitionstätigkeit zu bemühen. Ganz allgemein kann man sagen, unter dem Begriff Investitionsrechnung werden alle Verfahren zusammengefaßt, die eine rationale Beurteilung der Investitionstätigkeit ermöglichen sollen.

Die Investitionsrechnung soll dabei Antwort auf drei Fragestellungen geben:

a) Ist eine einzelne Investition vorteilhaft?

   Mit dieser Frage soll geprüft werden, ob eine einzelne Investition im Hinblick auf die Zielsetzung der Unternehmung getätigt werden soll oder nicht.

b) Welche von mehreren, möglichen Investitionen soll durchgeführt werden (Wahlproblem)?

   Im allgemeinen werden sich mehrere Investitionen anbieten, unter denen ausgewählt werden muß. Die Notwendigkeit zur Auswahl kann sich ergeben, weil die finanziellen Mittel nicht ausreichen, um alle möglichen Investitionen durchzuführen. Zum anderen kann es sich um technische Alternativen handeln, die sich gegenseitig ausschließen. Die Investitionsrechnung hat dann zu bestimmen, welche der zur Wahl stehenden Investitionen für die Unternehmung die günstigste ist.

c) Soll eine bereits vorhandene Anlage durch eine neue ersetzt werden (Ersatzproblem)?

   Der technische Fortschritt bedingt, daß laufend neue Maschinen auf dem Markt erscheinen, die zwar funktionsgleich sind, aber unterschiedliche Kosten-

und Leistungsbedingungen aufweisen. Zum anderen ändern sich für die im Betrieb befindlichen Maschinen im allgemeinen im Zeitablauf ihre Kosten- und Leistungskennziffern. Beide Ursachen bewirken, daß sich laufend die Frage stellt, ob eine bereits vorhandene Maschine, obwohl sie noch einen Nutzen stiftet, durch eine neue ersetzt werden soll. Auch hierauf hat die Investitionsrechnung eine Antwort zu geben.

2.2. Die Verfahren der Investitionsrechnung

2.2.1. Überblick

In Theorie und Praxis sind eine Vielzahl von Investitionsrechnungsverfahren erarbeitet worden, über die im folgenden ein kurzer Überblick gegeben werden soll.

Eine Unterscheidung kann zunächst dadurch getroffen werden, daß man die Verfahren in solche mehr praktischer Prägung und solche mehr theoretisch-mathematischer Prägung aufteilt. Der Praxis nahe stehen insbesondere die Kosten- und die Gewinnvergleichsrechnung, die Rentabilitäts- und die Amortisationsrechnung. Die mehr theoretischen Verfahren lassen sich aus historischer Sicht in klassische und neuere Verfahren unterscheiden.

Zu den klassischen Verfahren zählen die Kapitalwertmethode, die Methode des internen Zinsfußes, die Annuitätenmethode sowie die auf den erstgenannten Verfahren aufbauenden Investitionsbudgetierungsmethoden. Die neueren Verfahren basieren auf den Methoden des Operations Research, insbesondere auf der Methode der linearen Programmierung.

Kennzeichnend für die Verfahren praktischer Prägung ist, daß sie mit den in der Praxis gebräuchlichen Größen Kosten und Erlöse arbeiten. Demgegenüber verwenden die theoretisch-mathematischen Verfahren Ausgaben und Einnahmen, da sie eine Totalbetrachtung über die gesamte Lebensdauer einer Investition anstreben.

Schließlich sei noch eine andere Unterteilung der Investitionsrechnungsverfahren erwähnt, die allgemein üblich geworden ist. Unter Verwendung der Zeit als Gliederungskriterium unterscheidet man auch in statische und dynamische Verfahren.

Im Rahmen der statischen Verfahren werden die Auswirkungen einer Investitionsentscheidung nur für einen bestimmten Zeitpunkt betrachtet. Im Gegensatz dazu werden bei den dynamischen Verfahren die Auswirkungen über den gesamten Investitionszeitraum berücksichtigt. Die Gliederung in statische und dynamische

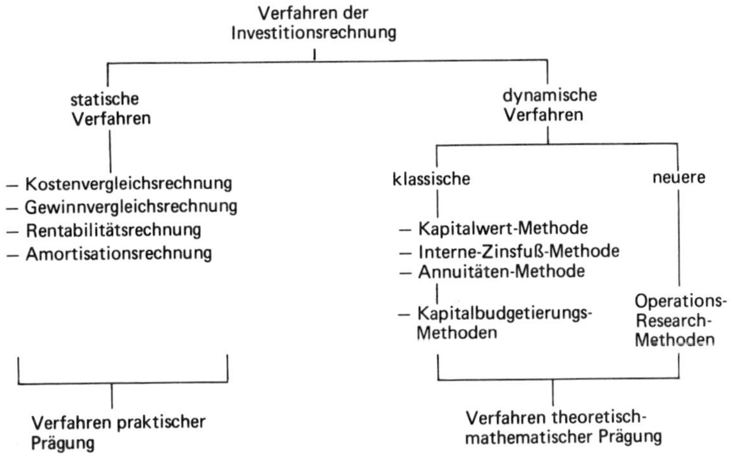

Bild 3

Verfahren ist jedoch mit derjenigen in Verfahren praktischer und theoretisch-mathematischer Prägung identisch. Bild 3 möge die Zusammenhänge noch einmal verdeutlichen.

2.2.2. Statische Verfahren

2.2.2.1. Die Kostenvergleichsrechnung

Im Rahmen der Kostenvergleichsrechnung werden die Kosten zweier oder mehrerer Investitionen einander gegenübergestellt um festzustellen, welche der Anlagen die kostengünstigste ist.

Damit sind wir schon in der Lage, die Entscheidungsregel der Kostenvergleichsrechnung ganz grob zu formulieren. Bezeichnen wir die Kosten zweier zu vergleichender Anlagen mit K_I und K_{II}, dann lautet sie:

$$K_I \gtrless K_{II},$$

d.h. also, mit anderen Worten, vorzuziehen ist diejenige Anlage, die die niedrigsten Kosten aufweist.

Für die zu vergleichenden Kostengrößen gilt folgendes:

Die Kostenvergleichsrechnung arbeitet – wie alle statischen Methoden – mit Durchschnittswerten. Man ermittelt diese Durchschnittskosten, indem man den Durchschnitt der für die gesamte Lebensdauer der Investition erwarteten Kosten bildet. Wenn nähere Angaben fehlen, verwendet man die Kosten des ersten Jahres nach dem Vergleichszeitpunkt und unterstellt, daß diese die Durchschnittskosten repräsentieren. Zusammenfassend läßt sich sagen: Es handelt sich bei der Kostenvergleichsrechnung um die Gegenüberstellung von (Durchschnitts-) Kosten pro Jahr.

Bei praktischer Anwendung der Kostenvergleichsrechnung ist eine genaue Ermittlung der einzelnen Kosten erforderlich. Dabei lassen sich zwei große Gruppen unterscheiden:

a) Betriebskosten, das sind solche Kosten, die durch den Betrieb der Anlage unmittelbar verursacht werden. Dazu gehören insbesondere Lohnkosten, Energie- und Hilfsstoffkosten sowie Werkzeug- und Instandhaltungskosten.

b) Kosten des Kapitaldienstes, das sind Abschreibungen und Zinsen auf das eingesetzte Kapital.

Bezeichnen wir die Betriebskosten mit B und die Kosten des Kapitaldienstes mit KD, dann lautet die Entscheidungsregel nunmehr wie folgt:

$$B_I + KD_I \gtrless B_{II} + KD_{II},$$

d.h. vorzuziehen ist diejenige Anlage, bei der die Summe aus Betriebskosten und Kosten des Kapitaldienstes am geringsten ist.

Frage

6. Wie lassen sich die Kosten des Kapitaldienstes näher bestimmen?

Im folgenden soll diese Entscheidungsregel der Kostenvergleichsrechnung durch ein Beispiel verdeutlicht werden, Tabelle 6.

Tabelle 6. Gesamtkostenvergleich.

		Anlage I	Anlage II
Anschaffungswert	DM	80000,–	120000,–
Lebensdauer	Jahre	8	8
Auslastung	LE/Jahr	10000	10000
Kosten des Kapitaldienstes			
1. Abschreibungen	DM/Jahr	10000,–	15000,–
2. Zinsen (10 % auf 1/2 Anschaffungswert)	DM/Jahr	4000,–	6000,–
Betriebskosten			
1. Lohnkosten	DM/Jahr	6000,–	2000,–
2. Energie- und Hilfsstoffkosten	DM/Jahr	900,–	650,–
3. Sonstige	DM/Jahr	1000,–	500,–
Kosten insgesamt	DM/Jahr	21900,–	24150,–

Es zeigt sich also, daß die Anlage I kostengünstiger arbeitet. Dieses Ergebnis ist aber nur dann richtig, wenn beide Anlagen sowohl quantitativ als auch qualitativ die gleiche Leistung erstellen. Ist diese Voraussetzung in quantitativer Hinsicht nicht gegeben, dann muß zu einem Vergleich der Kosten pro Leistungseinheit übergegangen werden.

Zur Verdeutlichung möge ein Beispiel dienen, dem die Zahlen des vorhergehenden Falles zugrundeliegen. Geändert hat sich nur, daß mit der Anlage II jetzt 15000 Leistungseinheiten erstellt werden können, Tabelle 7.

Tabelle 7. Stückkostenvergleich.

		Anlage I	Anlage II
Anschaffungswert	DM	80000,–	120000,–
Lebensdauer	Jahre	8	8
Auslastung	LE/Jahr	10000	15000
Kosten des Kapitaldienstes			
1. Abschreibungen	DM/Jahr	10000,–	15000,–
2. Zinsen	DM/Jahr	4000,–	6000,–
Betriebskosten			
1. Lohnkosten	DM/Jahr	6000,–	3000,–
2. Energie- und Hilfsstoffkosten	DM/Jahr	900,–	975,–
3. Sonstige	DM/Jahr	1000,–	750,–
Kosten insgesamt	DM/Jahr	21900,–	25725,–
Kosten pro Leistungseinheit	DM/LE	2,19	1,72

Wir sehen also, daß unter Berücksichtigung der unterschiedlichen quantitativen Leistung die Anlage II die günstigere ist. Im Hinblick auf die Kosten des Kapitaldienstes sind beide Anlagen auf das Stück bezogen gleichwertig, so daß der Vorteil der Anlage II in den Betriebskosten zum tragen kommt.

Vorausgehend war nichts darüber gesagt worden, daß eine der Anlagen bereits installiert ist. Die Entscheidung bezog sich auf ein *Auswahlproblem*. Weit häufiger wird aber gerade die Kostenvergleichsrechnung in der Praxis im Hinblick auf das *Ersatzproblem* angewendet. Für die Entscheidungsregel der Kostenvergleichsrechnung ergibt sich dann eine wesentliche Änderung.

Ist die Anlage A bereits installiert, dann fallen die Kosten des Kapitaldienstes für die alte Maschine auch dann weiter an, wenn diese durch eine neue Anlage N ersetzt wird. Die Entscheidungsregel lautet dann

$$B_A + KD_A \gtrless B_N + KD_N + KD_A.$$

Da die Kosten des Kapitaldienstes der alten Anlage jetzt auf beiden Seiten der Ungleichung stehen, können sie auch weggelassen werden, d.h.

$$B_A \gtrless B_N + KD_N.$$

Dahinter steht die Überlegung, daß sich im Falle des Ersatzes einer Anlage lediglich deren Betriebskosten vermeiden lassen. Im Gegensatz dazu sind die Kosten des Kapitaldienstes vom Betrieb der alten Anlage unabhängig und fallen stets bis zum Ende der Lebensdauer der alten Anlage weiter an. Bei Installierung der alten Anlage ist ja deren Anschaffungssumme zum Zwecke der Wiedergewinnung gleichmäßig auf die einzelnen Jahre verteilt worden. Die Kosten des Kapitaldienstes der alten Anlage sind daher der neuen anzulasten, Tabelle 8.

Tabelle 8. Ersatzvergleich.

		alte Anlage	neue Anlage
Anschaffungswert	DM	80000,–	120000,–
Lebensdauer	Jahre	8	8
Auslastung	LE/Jahr	10000	15000
Kosten des Kapitaldienstes			
1. Abschreibungen	DM/Jahr	–	15000,–
2. Zinsen	DM/Jahr	–	6000,–
Betriebskosten			
1. Lohnkosten	DM/Jahr	6000,–	3000,–
2. Energie- und Hilfsstoffkosten	DM/Jahr	900,–	975,–
3. Sonstige	DM/Jahr	1000,–	750,–
Kosten insgesamt	DM/Jahr	7900,–	25725,–
Kosten pro Leistungseinheit	DM/LE	0,79	1,72

Mit anderen Worten, die Kostenersparnis von 0,79 DM pro Leistungseinheit reicht nicht aus, um die zusätzlichen Kosten beim Einsatz der neuen Anlage von 1,72 DM pro Leistungseinheit zu decken. Ein Ersatz der alten Anlage erscheint damit nach der Kostenvergleichsmethode nicht vorteilhaft.

Frage

7. Wie ändert sich die Entscheidungsregel für das Ersatzproblem, wenn für die alte Anlage ein Liquidationserlös erzielt werden kann?

Für die Investitionsentscheidung ist jedoch nicht allein die Ermittlung der Kosten pro Leistungseinheit von Bedeutung, wenn Anlagen in ihrer quantitativen Leistung voneinander abweichen. Man wird sich in diesem Falle auch für die *kritische Menge* interessieren. Die Bilder 4, 5 und 6 mögen dies veranschaulichen.

Aus Bild 4 geht hervor, daß die Anlage I bei jeder Leistungsmenge günstiger ist. Eine kritische Menge existiert nicht.

Bild 4

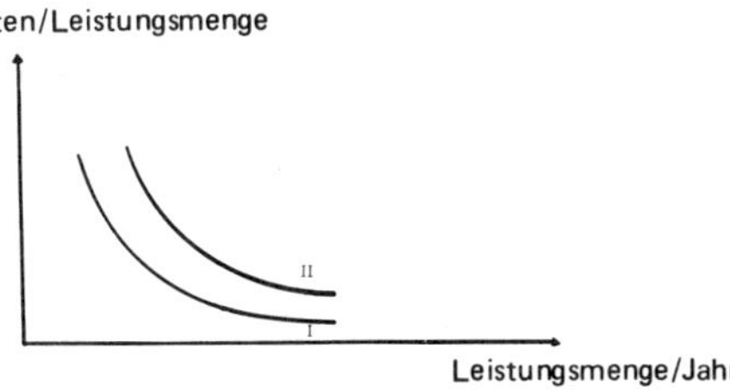

Bild 5

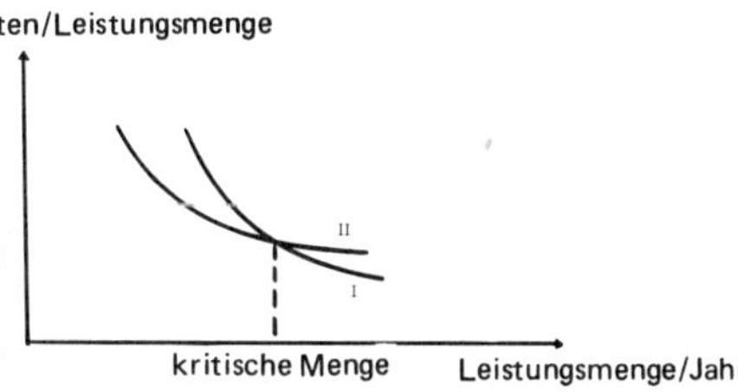

Bild 6

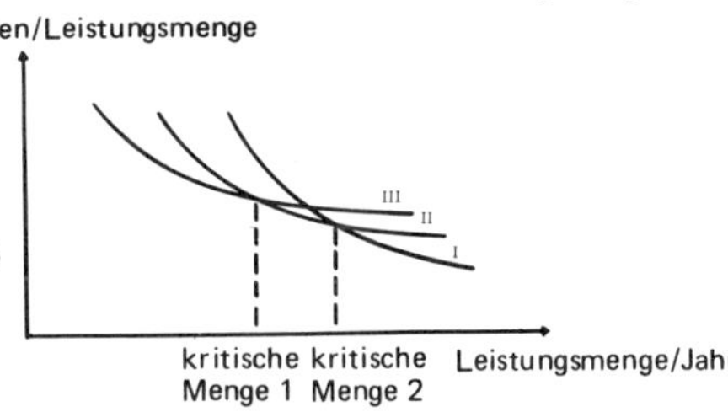

Bei Kostenverläufen der in Bild 5 wiedergegebenen Art ergibt sich dagegen eine kritische Menge. Vor Erreichen dieser Menge arbeitet die Anlage II kostengünstiger, danach ist die Anlage I vorteilhafter. Die kritische Menge ist demnach diejenige Leistungsmenge, bei der die Kosten der beiden Anlagen gleich hoch sind.

Werden mehr als zwei Anlagen miteinander verglichen, so erhält man im allgemeinen auch mehrere kritische Mengen. Bild 6 zeigt dies noch einmal.

Die kritische Menge ist insbesondere dann für Investitionsentscheidungen von Bedeutung, wenn die zukünftige quantitative Leistungsmenge nicht genau vorherbestimmt werden kann. Es muß dann lediglich geschätzt werden, ob die kritische Menge wahrscheinlich über- oder unterschritten wird.

2.2.2.2. Die Gewinnvergleichsrechnung

Ein schwerwiegender Mangel der Kostenvergleichsrechnung leitet unmittelbar zur Gewinnvergleichsrechnung über. Im Rahmen der Kostenvergleichsrechnung wird die Absatzseite vernachlässigt.

Besonders deutlich wird dies, wenn wir uns noch einmal das Beispiel in Tabelle 7 vor Augen halten. Dort war davon ausgegangen worden, daß mit der Anlage I

10000, mit der Anlage II hingegen 15000 Leistungseinheiten erstellt werden. Wenn man konstante Absatzpreise und entsprechende Absatzmöglichkeiten voraussetzt, dann wird mit der Anlage II ein höherer Erlös von 5000 mal dem entsprechenden Absatzpreis zu erzielen sein. Nun wurde die Anlage II bei einem Vergleich der Stückkosten ohnehin als vorteilhafter angesehen. Es ist aber möglich, daß eine Anlage, obwohl sie in den Stückkosten ungünstiger ist, unter Berücksichtigung der Erlösseite dennoch vorteilhafter ist. Dies ist dann der Fall, wenn die Anlage mit der größeren Ausbringung zwar im Vergleich höhere Kosten aufweist, diesen höheren Kosten aber vergleichsweise noch höhere Erlöse gegenüberstehen. Ein Stückvergleich reicht dann nicht mehr aus. Es ist dann wieder ein Vergleich der gesamten Kosten pro Jahr durchzuführen, wobei die Erlöse in die Betrachtung einzubeziehen sind. Gleiches gilt dann, wenn die Leistungen der zu vergleichenden Anlagen qualitative Unterschiede aufweisen, die unterschiedliche Preise am Absatzmarkt ermöglichen.

Die Gewinnvergleichsrechnung berücksichtigt diese Tatsache. Wenn wir die Erlöse mit E bezeichnen, dann lautet die Entscheidungsregel jetzt

$$E_I - B_I - KD_I \gtrless E_{II} - B_{II} - KD_{II},$$

d.h. vorzuziehen ist diejenige Investition, bei der der Gewinn als Differenz aus Erlös und Kosten am größten ist. Der Zusammenhang soll mit einem Beispiel zum Ersatzproblem verdeutlicht werden, Tabelle 9.

Tabelle 9. Gewinnvergleich.

		alte Anlage	neue Anlage
Anschaffungswert	DM	80000,–	120000,–
Lebensdauer	Jahre	8	8
Auslastung	LE/Jahr	10000	15000
Absatzpreis	DM/LE	5,–	5,–
Kosten des Kapitaldienstes			
1. Abschreibungen	DM/Jahr	–	15000,–
2. Zinsen	DM/Jahr	–	6000,–
Betriebskosten			
1. Lohnkosten	DM/Jahr	6000,–	3000,–
2. Energie- und Hilfsstoffkosten	DM/Jahr	900,–	975,–
3. Sonstige	DM/Jahr	1000,–	750,–
Kosten insgesamt	DM/Jahr	7900,–	25725,–
Kosten pro Leistungseinheit	DM/LE	0,79	1,72
Erlöse insgesamt	DM/Jahr	50000,–	75000,–
Gewinn	DM/Jahr	42100,–	49275,–

Tabelle 9 basiert auf den obigen Zahlenangaben zum Ersatzproblem in Tabelle 8. Zusätzlich wurde angenommen, daß für die auf der alten und der neuen Anlage erstellten Leistungseinheiten ein Preis von 5,– DM auf dem Absatzmarkt erzielt werden kann. Außerdem wurden die Kosten des Kapitaldienstes der alten Anlage vernachlässigt. Die Entscheidungsregel der Gewinnvergleichsrechnung lautet im Falle des Ersatzproblems

$$E_A - B_A \gtreqless E_N - B_N - KD_N.$$

Die Interpretation des Ergebnisses zeigt eine klare Bestätigung dessen, was oben gesagt worden war. Die neue Anlage ist in den Stückkosten wesentlich ungünstiger. Aus diesem Grunde war ja auch im Rahmen der Kostenvergleichsrechnung ein Ersatz der alten Anlage abgelehnt worden. Multipliziert man die Stückkosten mit den entsprechenden Leistungseinheiten, dann zeigt sich, daß die neue Anlage Mehrkosten von 17825,– DM aufweist. Diesen Mehrkosten stehen jedoch Mehrerlöse von 25000,– DM gegenüber. Ein Ersatz der alten Anlage ist daher im Rahmen der Gewinnvergleichsrechnung zu bejahen.

Insgesamt kann folgendes festgehalten werden: Weisen zwei Anlagen die gleiche Auslastung auf – sei es, weil sie technisch so beschaffen sind oder weil der Absatzmarkt nichts anderes zuläßt –, dann sind sie an Hand ihrer Kosten pro Jahr zu vergleichen. Ist ihre absetzbare quantitative Leistung unterschiedlich, dann ist ein Übergang zur Stückkostenbetrachtung erforderlich. Diese wiederum reicht nur aus, wenn sich herausstellt, daß die Investition mit der größeren Auslastung niedrigere Stückkosten aufweist und keine qualitativen Leistungsunterschiede bestehen. Ist dies nicht der Fall, dann ist die Erlösseite in die Betrachtung einzubeziehen und eine Gewinnvergleichsrechnung durchzuführen.

Frage

8. Wie muß vorgegangen werden, wenn die Höhe des Absatzpreises von der Anzahl der abgesetzten Leistungseinheiten abhängt?

2.2.2.3 Die Rentabilitätsrechnung

Bei der Rentabilitätsrechnung wird der durchschnittliche Jahresgewinn einer Investition zum Kapitaleinsatz ins Verhältnis gesetzt. Als Ergebnis dieser Rechnung erhält man die durchschnittliche jährliche Verzinsung des eingesetzten Kapitals. Es ist also

$$\text{Rentabilität (\%/Jahr)} = \frac{\text{Gewinn (DM/Jahr)}}{\text{Kapitaleinsatz (DM)}} \cdot 100.$$

Die Kosten- und die Gewinnvergleichsrechnung geben in dieser Hinsicht keinerlei Aufschluß. Ist die Unternehmung aber gerade an der Verzinsung des eingesetzten Kapitals interessiert und weniger an einer Kostenersparnis oder an der absoluten Höhe des Gewinns, dann ist ein Übergang zur Rentabilitätsrechnung erforderlich. Bezeichnen wir die Rentabilität mit R, so lautet die Entscheidungsregel

$$R_I \gtreqless R_{II},$$

d.h. vorzuziehen ist diejenige Investition, bei der das Verhältnis zwischen Gewinn und eingesetztem Kapital am günstigsten ist.

Bei Anwendung der Rentabilitätsrechnung ist zu beachten, daß bei abnutzbaren Investitionsobjekten der Kapitaleinsatz mit 50 % der ursprünglichen Anschaffungssumme anzusetzen ist. Sollte es sich hingegen um Investitionen handeln, die nicht im Zeitablauf der Abnutzung unterliegen, so ist die volle Anschaffungssumme als Kapitaleinsatz anzusehen.

Tabelle 10. Rentabilitätsvergleich.

		Anlage I	Anlage II
Anschaffungswert	DM	80000,–	120000,–
Lebensdauer	Jahre	8	8
Auslastung	LE/Jahr	10000	15000
Absatzpreis	DM/LE	5,–	5,–
Kosten des Kapitaldienstes			
Abschreibungen	DM/Jahr	10000,–	15000,–
Betriebskosten			
1. Lohnkosten	DM/Jahr	6000,–	3000,–
2. Energie- und Hilfsstoffkosten	DM/Jahr	900,–	975,–
3. Sonstige	DM/Jahr	1000,–	750,–
Kosten insgesamt	DM/Jahr	17900,–	19725,–
Erlöse insgesamt	DM/Jahr	50000,–	75000,–
Gewinne	DM/Jahr	32100,–	55275,–
Rentabilität	%/Jahr	80	92

Unter Rentabilitätsgesichtspunkten wäre demnach die Anlage II vorzuziehen, da sie eine Verzinsung des durchschnittlich gebundenen Kapitals mit 92 % gegenüber nur 80 % der Anlage I aufweist.

Frage

9. Warum sind im Rahmen der Rentabilitätsrechnung in den Kosten des Kapitaldienstes keine Zinsen auf das eingesetzte Kapital enthalten?

Im Gegensatz zur Kostenvergleichsrechnung und besser als die Gewinnvergleichsrechnung kann der Rentabilitätsvergleich auch auf das Problem der Vorteilhaftigkeit einer einzelnen Investition angewendet werden, indem ein Mindestzinssatz (erwartete Mindestrendite) vorgegeben wird. Liegt die Verzinsung des Kapitaleinsatzes nicht unter diesem Mindestzinssatz, dann ist die Investition vorteilhaft. Die Höhe der Mindestrendite bestimmt sich vor allem nach den Kosten des Kapitaleinsatzes. Auf diese Weise soll sichergestellt werden, daß die Verzinsung des eingesetzten Kapitals die Kapitalkosten deckt. Wird eine Investition vollständig fremdfinanziert, dann wird man den Zinssatz für Fremdkapital als Mindestrendite wählen. Ist eine Investition eigen- und fremdfinanziert, wählt man einen Mischzinssatz aus Eigen- und Fremdkapitalkosten. Als Eigenkapitalkosten sind hierbei die Renditeansprüche der Eigentümer einer Unternehmung oder die Dividendenansprüche der Aktionäre usw. zu verstehen.

2.2.2.4. Die Amortisationsrechnung

Während die bisherigen Verfahren sich an Kosten und Gewinnen bzw. Rentabilitäten orientierten, ist die Amortisationsrechnung ganz auf das Sicherheitsstreben ausgerichtet.

Im Rahmen der Amortisationsrechnung wird der Zeitraum berechnet, in dem der Kapitaleinsatz einer Investition im Rahmen des Betriebsprozesses wiedergewonnen wird. Den auf diese Weise ermittelten Zeitraum bezeichnet man als Amortisationszeit.

Die Amortisationsrechnung kann in zwei Versionen durchgeführt werden. Basiert sie auf Erfolgsgrößen, dann bezeichnet man sie auch als Break-even-Rechnung. Graphisch läßt sich das Vorgehen bei dieser Version der Amortisationsrechnung mit Hilfe der Break-even-Analyse darstellen, wie in Bild 7 gezeigt.

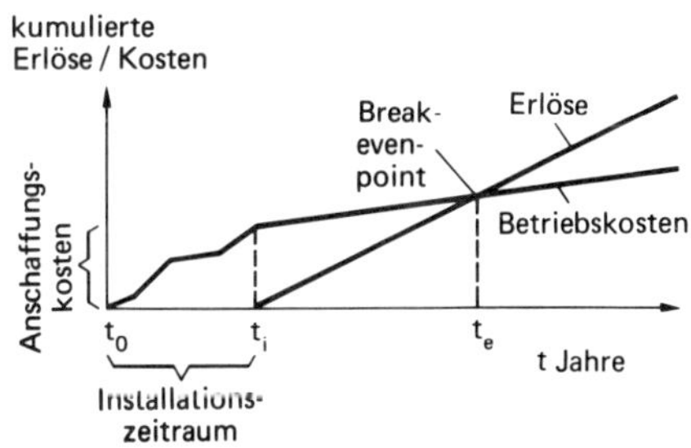

Bild 7

Eine Anlage hat sich amortisiert, wenn die Summe aus den Anschaffungskosten (A) und den Betriebskosten[2]) $B \cdot (t_e - t_i)$ gleich den Erlösen $E \cdot (t_e - t_i)$ ist:

$$A + B \cdot (t_e - t_i) = E \cdot (t_e - t_i).$$

Durch einfache Umformung dieser Gleichung läßt sich die Amortisationszeit (t_e) bestimmen:

$$t_e = \frac{A}{E - B} + t_i.$$

Mit anderen Worten, es wird der Zeitraum berechnet, in dem der Kapitaleinsatz einer Investition über die Erlöse in die Unternehmung zurückfließen wird. Dabei wird davon ausgegangen, daß sowohl die Gewinne als auch die Abschreibungen

---

[2]) Soll die Amortisationsdauer einschließlich einer bestimmten Verzinsung des eingesetzten Kapitals berechnet werden, dann sind den Betriebskosten die Zinsen hinzuzuzählen.

der Wiedergewinnung des eingesetzten Kapitals dienen (Die Abschreibungen sind daher nicht in den Kosten enthalten.).

Frage

10. Wie groß sind die Amortisationszeiten für die Anlagen I und II mit den in Tabelle 10 angegebenen Zahlenwerten?

In einer zweiten Version wird die Amortisationsrechnung verwendet, wenn sie zur Lösung des Ersatzproblems herangezogen wird. Hierbei ist die Kostenersparnis der neuen Anlage gegenüber der alten Anlage bestimmend für die Amortisationsdauer (Dabei wird allerdings stillschweigend angenommen, daß die Erlöse das Vergleichsergebnis nicht beeinflussen.). Dies ist in Bild 8 graphisch dargestellt.

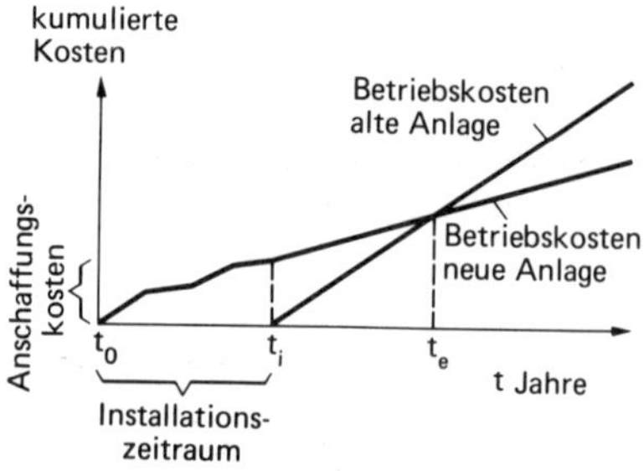

Bild 8

Die neue Anlage hat sich amortisiert, wenn die Summe aus den Anschaffungskosten (A) und den Betriebskosten der neuen Anlage $B_N \cdot (t_e - t_i)$ gleich den Betriebskosten der alten Anlage $B_A \cdot (t_e - t_i)$ ist.

$$A + B_N \cdot (t_e - t_i) = B_A \cdot (t_e - t_i).$$

Durch Umformung der Gleichung können wir die Amortisationsdauer ermitteln. Es ist dann:

$$t_e = \frac{A}{B_A - B_N} + t_i .$$

Für beide Versionen gilt nun folgendes: Ist die auf diese Weise ermittelte effektive Amortisationszeit (t_e) geringer als die vom Investor als maximal zulässig angesehene Amortisationszeit (t_{max}), gilt eine Investition als vorteilhaft.

Die Entscheidungsregel der Amortisationsrechnung lautet entsprechend:

$$t_e < t_{max} .$$

Soll eine Auswahl zwischen mehreren Investitionen getroffen werden, so muß die Investition mit der geringsten Amortisationsdauer bestimmt und mit der maximal zulässigen Amortisationsdauer verglichen werden.

Die als maximal zulässig angesehene Amortisationszeit wird bestimmt durch die Risikobereitschaft des Unternehmers. Daran zeigt sich aber schon der Nachteil der Amortisationsrechnung. Sie orientiert sich eben ausschließlich am Sicherheitsstreben. Das Sicherheitsstreben wird jedoch nie oberste Zielsetzung einer Unternehmung sein. Es wird bestenfalls in Verbindung mit anderen Zielsetzungen auftauchen bzw. Nebenbedingung einer übergeordneten Zielsetzung sein.

Die Amortisationsrechnung sollte daher nie als alleiniges Beurteilungskriterium Verwendung finden, sondern lediglich in Verbindung mit anderen Verfahren.

Man wird ja eine Investition nicht nur deshalb ablehnen, weil sie eine höhere Amortisationszeit besitzt als eine andere. Es ist nämlich denkbar, daß dieselbe Investition unter Gewinn- bzw. Rentabilitätsgesichtspunkten wesentlich günstiger ist. Gleichwohl kann die Amortisationsrechnung den Ausschlag geben, wenn zwei oder mehrere Investitionen rentabilitätsmäßig nicht oder nur wenig voneinander abweichen, sich in den Amortisationszeiten aber wesentlich unterscheiden. Als zusätzlichem Entscheidungskriterium kann der Amortisationsrechnung also durchaus Bedeutung zukommen.

Die Amortisationsrechnung erfreut sich in der Praxis großer Beliebtheit. Dies ist aber zumindest in diesem Umfange aus den oben genannten Gründen nicht immer gerechtfertigt.

2.2.3. Dynamische Verfahren

2.2.3.1. Das Zeitmoment in der Investitionsrechnung

Wie wir gesehen haben, werden im Rahmen der statischen Verfahren Jahresgewinne, Kosteneinsparungen, die Jahresverzinsung oder Wiedergewinnungszeiten ermittelt. Dabei wird, wie oben mehrfach betont wurde, mit Durchschnittswerten gearbeitet.

Bei den dynamischen Verfahren dagegen erfolgt eine Totalbetrachtung, d.h. es werden die Ausgaben und Einnahmen während der gesamten Lebensdauer einer Investition berücksichtigt. Es wird also davon ausgegangen, daß die gesamten Einnahmen und Ausgaben einer Investition bekannt sind. Fast alle vorkommenden Investitionen erfordern zunächst eine größere Ausgabe (die Anschaffungssumme), sodann laufend weitere kleinere Ausgaben (insbesondere für Löhne, Energie und Hilfsstoffe, Werkzeuge und Instandhaltung usw.). Diesen laufenden Ausgaben stehen Einnahmen gegenüber. Dabei werden die laufenden jährlichen Ausgaben und Einnahmen in der Regel eine unterschiedliche Höhe aufweisen[3]).

Für Investitionsrechnungen ist jedoch nicht nur die absolute Höhe der einzelnen Ausgaben und Einnahmen von Bedeutung. Charakteristisches Merkmal der dyna-

---

[3]) Genau genommen handelt es sich um Ausgaben- und Einnahmenströme. Der Einfachheit halber wird jedoch im allgemeinen angenommen, daß alle Einnahmen und Ausgaben am Anfang oder am Ende eines Jahres anfallen. Generell ist es möglich, auch tägliche Ausgaben und Einnahmen zu betrachten. Dies würde jedoch den Rechenaufwand – insbesondere bezüglich der im folgenden zu zeigenden Zinsrechnung – außerordentlich vergrößern.

mischen Verfahren ist, daß sie berücksichtigen, daß zu unterschiedlichen Zeitpunkten anfallende Ausgaben und Einnahmen ökonomisch selbst dann nicht gleichwertig sind, wenn sie in ihrer Höhe übereinstimmen.

Wenn z.B. ein Unternehmer heute und in einem Jahr eine Einnahme von jeweils 1000,– DM erhält, dann sind die beiden Beträge wirtschaftlich nicht gleichwertig, wenn die erste Einnahme zwischenzeitlich zinsbringend angelegt werden kann. Bei einem Zinssatz von z.B. 6 % p.a. hätte die erste Einnahme nach einem Jahr nämlich einen Wert von 1000,– + 0,06 · 1000 = 1060,– DM. Die sofortige Einnahme besitzt also im Vergleich zur späteren einen um 60,– DM höheren Wert. Wir haben also, um die zu unterschiedlichen Zeitpunkten anfallenden Beträge vergleichen zu können, die erste Einnahme unter Berücksichtigung von Zinsen auf den Zeitpunkt der zweiten bezogen, d.h. wir haben die erste Einnahme aufgezinst.

Bezeichnen wir die Einnahme mit E und den Zinssatz mit i, dann ergibt sich

$$E_1 = (1 + i) \cdot E_0 .$$

Umgekehrt können wir aber auch die spätere Einnahme auf den heutigen Zeitpunkt beziehen, d.h. wir fragen, wieviel die spätere Einnahme heute wert ist. Gesucht wird dann der Betrag, der unter Berücksichtigung der Verzinsung in einem Jahr auf 1000,– DM anwächst. Gegeben ist jetzt E_1 mit 1000,– DM. Wir erhalten den Wert der späteren Einnahme zum Zeitpunkt 0 durch einfache Umformung der obigen Gleichung mit

$$E_0 = \frac{E_1}{(1 + i)} .$$

Bei einer Verzinsung von 6 % ist E_0 = 943,– DM, d.h. 1000,– DM in einem Jahr haben zum heutigen Zeitpunkt nur einen Wert von 943,– DM. In einem Jahr wachsen nämlich bei einer 6 %igen Verzinsung 943,– DM gerade auf 1000,– DM an. Wir haben die zu unterschiedlichen Zeitpunkten anfallenden Beträge hier dadurch vergleichbar gemacht, daß wir die zweite Einnahme auf den Zeitpunkt der ersten bezogen, d.h. wir haben die spätere Einnahme abgezinst (diskontiert).

Dies war nur ein ganz einfacher Fall, bei dem zwei Einnahmen im Abstand von einem Jahr vorlagen. Es waren dabei lediglich Zinsen zu beachten. In der Regel werden jedoch mehrere Einnahmen durch eine Investition hervorgerufen, d.h. die einzelnen Beträge sind dann über eine Vielzahl von Jahren auf- bzw. abzuzinsen.

Wird ein Betrag E_0 mit einem Zinssatz von i aufgezinst, so ergibt sich nach einem Jahr ein Wert von

$$E_1 = (1 + i) \cdot E_0 .$$

Fragen wir, wie groß ein Betrag E_0 nach zwei Jahren ist, dann ergibt sich

$$E_2 = (1 + i) \cdot E_1 = (1 + i) \cdot (1 + i) \cdot E_0$$
$$= (1 + i)^2 \cdot E_0 .$$

Ganz allgemein kann man sagen, daß eine Einnahme zum heutigen Zeitpunkt nach n Jahren einen Wert hat von

$$E_n = (1 + i)^n \cdot E_0.$$

Der Faktor $(1 + i)^n$ wird Aufzinsungsfaktor genannt und liegt für die verschiedenen Zinssätze und Jahre in tabellarischer Form vor. Es ist damit sehr einfach, den Wert einer Einnahme für einen bestimmten Zeitpunkt zu errechnen.

Will man umgekehrt den Wert einer späteren Einnahme (im allgemeinen Fall nach n Jahren) zum heutigen Zeitpunkt ermitteln, dann kann dies sehr einfach durch Umformung der vorstehenden Gleichung geschehen. Es ist dann

$$E_0 = \frac{E_n}{(1 + i)^n}.$$

Der Faktor $\frac{1}{(1 + i)^n}$, der im Rahmen der dynamischen Verfahren sehr häufig gebraucht wird, nennt sich Abzinsungs- oder Diskontierungsfaktor und liegt ebenfalls in tabellarischer Form vor.

Die Wirkungen von Auf- und Abzinsungen seien durch Bild 9 veranschaulicht.

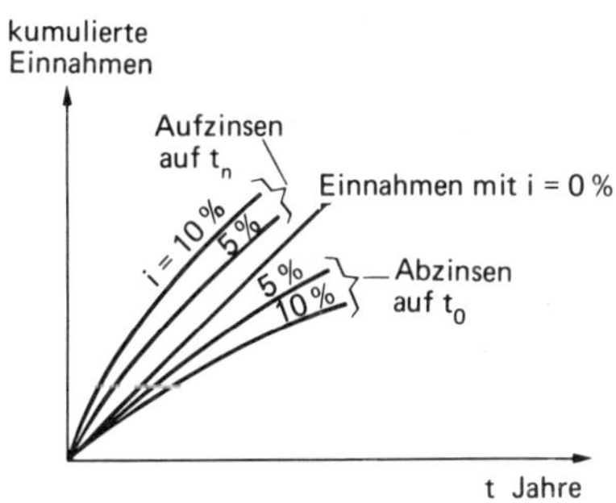

Bild 9

In gleicher Weise, wie dies für die Einnahmen geschehen ist, müssen auch die zu verschiedenen Zeitpunkten anfallenden Ausgaben auf- bzw. abgezinst werden, um sie vergleichbar zu machen.

Prinzipiell ist es gleichgültig, ob alle im Zusammenhang mit einer Investition erfolgenden Ausgaben und Einnahmen auf einen bestimmten Zeitpunkt auf- oder abgezinst werden. Jedoch ist es allgemein üblich, die Ausgaben und Einnahmen auf den Zeitpunkt unmittelbar vor Beginn der Investition, d.h. auf den Entscheidungszeitpunkt zu diskontieren.

Nachdem jetzt gekennzeichnet worden ist, wie der unterschiedliche zeitliche Anfall der Ausgaben und Einnahmen durch das Auf- bzw. Abzinsen berücksichtigt werden kann, sollen im folgenden die dynamischen Verfahren im Einzelnen erläutert werden.

Frage

11. Was ist zu beachten, wenn im Rahmen der dynamischen Verfahren mit Kosten und Erlösen anstatt mit Ausgaben und Einnahmen gearbeitet wird?

2.2.3.2. Die Kapitalwertmethode

Die dynamischen Rechenverfahren gehen davon aus, daß das Erwerbsstreben das Ziel der Unternehmung darstellt. Dies kann in der Maximierung des Totalgewinns oder in der Maximierung der Totalrentabilität zum Ausdruck kommen.

Bei der Kapitalwertmethode werden sämtliche durch eine Investition hervorgerufenen Ausgaben und Einnahmen mit einem gegebenen Zinsfuß, dem Kalkulationszinsfuß[4]), auf den Zeitpunkt unmittelbar vor Beginn der Investition abgezinst. Oder mit anderen Worten, von der Summe der abgezinsten Einnahmen wird die Summe der abgezinsten Ausgaben einschließlich der Anschaffungsausgabe abgezogen. Die Differenz aus beiden Summen ergibt den Kapitalwert.

Bezeichnen wir den Kapitalwert mit C, die Ausgaben mit A und wie oben die Einnahmen mit E und den Kalkulationszinsfuß mit i, dann sieht das im allgemeinen Fall bei einer Lebensdauer der Investition von n Jahren wie folgt aus:

$$C = -A_0 - \frac{A_1}{(1+i)} - \frac{A_2}{(1+i)^2} - \frac{A_3}{(1+i)^3} - \cdots - \frac{A_n}{(1+i)^n}$$
$$+ \frac{E_1}{(1+i)} + \frac{E_2}{(1+i)^2} + \frac{E_3}{(1+i)^3} + \cdots + \frac{E_n}{(1+i)^n}$$

Ein Zahlenbeispiel hierzu gibt Tabelle 11. Der Rechenaufwand ist bei dieser Form der Berechnung des Kapitalwertes sehr hoch.

Tabelle 11. Berechnung des Kapitalwertes einer Investition mit einer Anschaffungsausgabe von 100000,– DM, einer Lebensdauer von 5 Jahren und einem Kalkulationszinsfuß von 5 %.

Jahr	Einnahmen DM	Ausgaben DM	Einnahmen-Überschüsse DM	Diskontierungsfaktor für i = 5 %	abgezinste Einnahmen-Überschüsse DM
1	60000,–	30000,–	30000,–	0,952	28560,–
2	70000,–	30000,–	40000,–	0,907	36280,–
3	60000,–	30000,–	30000,–	0,864	25920,–
4	50000,–	30000,–	20000,–	0,823	16460,–
5	50000,–	30000,–	20000,–	0,784	15680,–
Summe der abgezinsten Einnahmen-Überschüsse					122900,–
abzüglich der Anschaffungsausgabe					100000,–
= Kapitalwert					22900,–

[4]) Der Kalkulationszinsfuß bestimmt sich nach den Kapitalkosten, vgl. dazu S. 50 f.

Häufig findet sich eine vereinfachte Form der Berechnung des Kapitalwertes. Diese Vereinfachung ist dann möglich, wenn mit gleichbleibenden Einnahmen und Ausgaben gerechnet wird. Es ist dann:

$$E_1 = E_2 = \cdots = E_n$$

und $A_1 = A_2 = \cdots = A_n$.

Das bedeutet wiederum, daß die Differenzen aus den laufenden Einnahmen und Ausgaben einander gleich sind, d.h.

$$E_1 - A_1 = E_2 - A_2 = \cdots = E_n - A_n.$$

Bezeichnen wir diese konstanten Überschüsse der Einnahmen über die Ausgaben mit EÜ, dann können wir den Kapitalwert wie folgt schreiben:

$$C = -A_0 + \frac{EÜ}{(1+i)} + \frac{EÜ}{(1+i)^2} + \cdots + \frac{EÜ}{(1+i)^n}$$

oder umgeformt

$$C = -A_0 + EÜ\left(\frac{1}{(1+i)} + \frac{1}{(1+i)^2} + \cdots + \frac{1}{(1+i)^n}\right).$$

Der Klammerausdruck stellt eine sog. geometrische Reihe dar und läßt sich mathematisch ermitteln. Es ist dann

$$C = -A_0 + EÜ \cdot \frac{(1+i)^n - 1}{i\,(1+i)^n}$$

Der Faktor $\frac{(1+i)^n - 1}{i\,(1+i)^n}$ nennt sich Abzinsungs- bzw. Diskontierungssummenfaktor. Er liegt wie die einfachen Aufzinsungs- bzw. Abzinsungsfaktoren ebenfalls in tabellarischer Form für unterschiedliche Zinssätze und Jahre vor. Der Kapitalwert laßt sich dann sehr einfach ermitteln, indem man die durchschnittlichen Einnahmen-Überschüsse mit dem entsprechenden Faktor multipliziert und davon die Anschaffungsausgabe subtrahiert, Tabelle 12.

Tabelle 12. Vereinfachte Berechnung des Kapitalwertes einer Investition mit gleichbleibenden Einnahmen-Überschüssen von 28000,– DM, einer Anschaffungsausgabe von 100000,– DM, einer Lebensdauer von 5 Jahren und einem Kalkulationszinsfuß von 5 %.

gleichbleibende Einnahmen-Überschüsse DM	Diskontierungs-summenfaktor für i = 5 %	abgezinste Einnahmen-Überschüsse DM
28000,–	4,329	121212,–
abzüglich der Anschaffungsausgabe		100000,–
= Kapitalwert		21212,–

Es muß aber darauf hingewiesen werden, daß dieses Vorgehen nur sinnvoll ist, wenn sich die einzelnen Ausgaben und Einnahmen nicht genau ermitteln lassen, da im anderen Falle entscheidungsrelevante Informationen nicht beachtet werden. Durch das Abzinsen fallen Beträge um so weniger ins Gewicht, je weiter sie in der Zukunft liegen. Bei einer Durchschnittsbildung kann dies zu falschen Ergebnissen führen. Wenn z.B. gerade am Anfang hohe Einnahmen-Überschüsse vorliegen, dann fallen diese wesentlich schwerer ins Gewicht, wenn sie einzeln abgezinst werden als wenn sie gleichmäßig auf die ganzen Jahre verteilt werden.

Wir haben oben den Kapitalwert definiert. Diese Definition ist aber im Grunde nichts weiter als eine formale Rechenvorschrift, d.h. von der Summe der abgezinsten Einnahmen ist die Summe der abgezinsten Ausgaben abzuziehen. Was steht aber wirtschaftlich dahinter?

Ökonomisch gesehen sagt der Kapitalwert folgendes aus: Die (abgezinsten) Einnahmen müssen so groß sein, daß das eingesetzte Kapital getilgt und dieses Kapital zum Kalkulationszinsfuß verzinst werden kann. Da der Kalkulationszinsfuß in Höhe der Kapitalkosten angesetzt wird, soll auf diese Weise sichergestellt werden, daß die Kapitalkosten gedeckt werden.

Dies soll an Hand eines Beispiels verdeutlicht werden. Es soll eine Investition beurteilt werden, die eine Anschaffungsausgabe von 1000,– DM erfordert, weiter sind laufende Ausgaben von 300,– DM im ersten und zweiten Jahr erforderlich. Den laufenden Ausgaben steht im zweiten Jahr eine Einnahme von 2000,– DM gegenüber. Das einzusetzende Kapital muß fremdfinanziert werden. Die Kreditzinsen betragen 10 %. Auf einer Zeitachse sieht das wie folgt aus:

		+ 2000	
–1000	–300	– 300	
0	1	2	Zeit

Da kein Eigenkapital zur Verfügung steht, muß die Anschaffungsausgabe fremdfinanziert werden. Hierauf müssen im ersten Jahr 100,– DM Zinsen gezahlt werden. Nach dem ersten Jahr entsteht noch keine Einnahme. Die Anschaffungsausgabe muß daher ein weiteres Jahr fremdfinanziert werden, d.h. es sind im zweiten Jahr weitere 110,– DM Zinsen (auf die Anschaffungsausgabe einschließlich der Zinsen des ersten Jahres) zu zahlen. Schließlich müssen auch die laufenden Ausgaben von 300,– DM des ersten Jahres fremdfinanziert werden, da keine Einnahmen zu ihrer Deckung zur Verfügung stehen. Es sind somit 30,– DM Zinsen für die laufenden Ausgaben des ersten Jahres im zweiten Jahr zu entrichten. Am Ende des zweiten Jahres entsteht eine Einnahme von 2000,– DM. Daraus können die Ausgaben von nunmehr insgesamt 1840,– DM (1210,– DM + 330,– DM + 300,– DM) gedeckt werden. Es ergibt sich also ein Einnahmen-Überschuß von 160,– DM oder abgezinst auf den Zeitpunkt 0 von 132,– DM (Kapitalwert).

Wie man leicht feststellen kann, kommt man zu dem gleichen Ergebnis, wenn man die Kapitalwertgleichung verwendet. Es ist dann:

$$C = -1000 - \frac{300}{(1+0{,}1)} - \frac{300}{(1+0{,}1)^2} + \frac{2000}{(1+0{,}1)^2}$$

$$= -1000 - 300 \cdot 0{,}909 + 1700 \cdot 0{,}826$$

$$= \underline{\underline{132}}$$

Die Kapitalwertmethode sagt nun, eine Investition ist vorteilhaft, wenn der Totalgewinn einer Investition größer oder zumindest gleich Null ist. Die Entscheidungsregel der Kapitalwertmethode bei der Beurteilung einer einzelnen Investition lautet demnach:

$$C \geq 0.$$

Oder noch einmal mit anderen Worten: Die Einnahmen-Überschüsse müssen so groß sein, daß daraus einmal das eingesetzte Kapital getilgt und zum anderen verzinst werden kann. In unserem Beispiel bedeutet dies, es müssen Einnahmen von 1840,– DM oder mehr erwirtschaftet werden[5]).

Muß eine Auswahl zwischen zwei oder mehreren Investitionen getroffen werden, dann ist diejenige vorzuziehen, bei der der Kapitalwert am größten ist.

Frage
12. Warum ist die Kapitalwertmethode im Hinblick auf das Wahlproblem nur bedingt anwendbar?

2.2.3.3. Die Methode des internen Zinsfußes

Bei der Methode des internen Zinsfußes wird gefragt, mit welcher Rentabilität sich das eingesetzte Kapital während der Lebensdauer einer Investition verzinst.

An Hand des erläuterten Beispiels bei der Kapitalwertmethode haben wir gesehen, daß der Kapitalwert gerade Null ist, wenn sich das eingesetzte Kapital zum Kalkulationszinsfuß verzinst (im Beispiel bei Einnahmen von 1840,– DM). Daraus folgt: *Der interne Zinsfuß ist derjenige Zinsfuß, mit dem die Ausgaben und Einnahmen abgezinst werden, so daß der Kapitalwert Null wird.*

Die Methode des internen Zinsfußes stellt nun in gewisser Weise nur eine Umformulierung der Kapitalwertmethode dar. An Hand des erläuterten Beispiels haben

---

5) Man sieht an diesem Beispiel, daß es gleichgültig ist, ob man die Einnahmen-Überschüsse am Ende der Investition oder am Beginn der Investition (Kapitalwert) nimmt. Da der Abzinsungsfaktor nie negativ sein kann – ein negativer Zinsfuß wäre ökonomisch nicht interpretierbar-, wird der Kapitalwert immer größer als Null, wenn die Einnahmen-Überschüsse am Ende der Investion größer als Null sind. Ein positiver Wert multipliziert mit einem positiven Wert ergibt ja wiederum einen positiven Wert.

wir auch gesehen, daß der Kapitalwert größer als Null wird, wenn die Einnahmen-Überschüsse über die Verzinsung des eingesetzten Kapitals zum Kalkulationszinsfuß hinausgehen (bei Einnahmen von 2000,– DM betrug der Kapitalwert 132,– DM). Das bedeutet aber gleichzeitig, daß die effektive Verzinsung (der interne Zinsfuß) über dem Kalkulationszinsfuß liegt. Nach der Methode des internen Zinsfußes kann daher eine Investition als vorteilhaft angesehen werden, wenn ihr interner Zinsfuß größer oder zumindest gleich dem Kalkulationszinsfuß ist. Im folgenden wollen wir den internen Zinsfuß immer mit r bezeichnen, d.h. die Entscheidungsregel bei der Methode des internen Zinsfußes lautet dann:

$$r \geq i.$$

Soll eine Auswahl zwischen zwei oder mehreren Investitionen getroffen werden, dann ist diejenige vorzuziehen, die den höchsten internen Zinsfuß aufweist.

Nachdem die Grundüberlegungen der Methode des internen Zinsfußes dargestellt worden sind, soll jetzt auf die Berechnung des internen Zinsfußes eingegangen werden.

Oben war gesagt worden, der interne Zinsfuß ist derjenige Zinsfuß, für den der Kapitalwert einer Investition Null wird. Die Bestimmungsgleichung für den internen Zinsfuß lautet demnach:

$$0 = -A_0 - \frac{A_1}{(1+r)} - \frac{A_2}{(1+r)^2} - \cdots - \frac{A_n}{(1+r)^n} + \frac{E_1}{(1+r)} + \frac{E_2}{(1+r)^2} + \cdots + \frac{E_n}{(1+r)^n}\,.$$

Während also bei der Kapitalwertmethode der Zinsfuß gegeben war und der Kapitalwert gesucht war, ist hier umgekehrt der Kapitalwert gegeben (mit Null) und der Zinsfuß gesucht.

Wird mit durchschnittlichen Einnahmen-Überschüssen gerechnet (vgl. dazu die Ausführungen bei der Kapitalwertmethode), dann vereinfacht sich die Bestimmungsgleichung für den internen Zinsfuß folgendermaßen:

$$0 = -A_0 + EÜ \cdot \frac{(1+r)^n - 1}{r\,(1+r)^n}$$

oder umgeformt:

$$\frac{A_0}{EÜ} = \frac{(1+r)^n - 1}{r\,(1+r)^n}$$

Da die Anschaffungsausgabe und die durchschnittlichen Einnahmen-Überschüsse bekannt sind, braucht man in der Tabelle nur den Zinssatz aufzusuchen, bei dem der Diskontierungssummenfaktor des Jahres n gleich $A_0/EÜ$ ist.

Frage

13. Wie groß ist der interne Zinsfuß für die Investition in Tabelle 12?

Wenn nicht mit durchschnittlichen Einnahmen-Überschüssen gerechnet wird, dann bereitet die Berechnung des internen Zinsfußes einige Schwierigkeiten[6]). Man muß sich dann mit einem *Näherungsverfahren* behelfen. Man schätzt zunächst den internen Zinsfuß und rechnet für diesen Zinsfuß den Kapitalwert aus. Ist der Kapitalwert größer (kleiner) als Null, war die Schätzung zu niedrig (hoch) und muß durch eine bessere ersetzt werden.

Betrachten wir dazu die Investition, die wir bereits bei der Kapitalwertmethode näher erläutert haben:

		+ 2000	
– 1000	– 300	– 300	Zeit
0	1	2	

Für die Schätzungen $r_1 = 0{,}10$, $r_2 = 0{,}15$ und $r_3 = 0{,}17$ erhält man die Kapitalwerte $C_1 = 132{,}-$ DM, $C_2 = 24{,}-$ DM und $C_3 = -14{,}-$ DM. Durch Interpolation mit Hilfe eines Dreisatzes läßt sich nunmehr eine befriedigende Lösung ermitteln:

38,– DM (= 24,– bis – 14,–) → 2 % (= 0,15 bis 0,17)
24,– DM → x %.

Daraus ergibt sich:

$$x = \frac{24 \cdot 2}{38} = \underline{\underline{1{,}3\,\%}}$$

Der gesuchte interne Zinsfuß beträgt demnach 16,3 % (= 15,0 % + 1,3 %).

Das Rechenergebnis wird dabei um so genauer werden, je näher die Kapitalwerte, zwischen denen interpoliert wird, in der Nähe des Nullpunktes liegen.

Frage

14. Warum ist die Methode des internen Zinsfußes im Hinblick auf das Wahlproblem nur bedingt anwendbar?

2.2.3.4. Die Annuitätenmethode

Auch die Annuitätenmethode ist wie die Methode des internen Zinsfußes nur eine abgewandelte Form der Kapitalwertmethode. Im Gegensatz zur Kapitalwertmethode, bei der eine Investition nach ihrem Totalgewinn beurteilt wird, ermittelt man bei der Annuitätenmethode den durchschnittlichen Gewinn einer Investition. Dazu wird zunächst wie bei der Kapitalwertmethode der Kapitalwert einer Investition durch Abzinsen der einzelnen Einnahmen und Ausgaben mit dem Kalkulationszinsfuß ermittelt. Die Umrechnung des Kapitalwertes in gleiche Jahresbeträge (Annuitäten) erfolgt durch Multiplikation des Kapitalwertes mit dem sog. Wieder-

[6]) Von dem Fall, daß die Methode des internen Zinsfußes kein eindeutiges Ergebnis liefert, sei hier abgesehen; vgl. dazu z.B. *Kilger, W.*: Zur Kritik am Internen Zinsfuß. Z. für Betriebswirtschaft (1965), S. 765 ff.

gewinnungsfaktor. Dieser ist der Kehrwert des Diskontierungssummenfaktors. Die Entscheidungsregel der Annuitätenmethode lautet demnach:

$$C \cdot \frac{(1+i)^n \cdot i}{(1+i)^n - 1} \geq 0,$$

d.h. die Investition ist vorteilhaft, wenn der durchschnittliche Gewinn größer oder zumindest gleich Null ist. Soll eine Auswahl zwischen zwei oder mehreren Investitionen getroffen werden, so ist diejenige vorzuziehen, bei der der durchschnittliche Gewinn am größten ist.

Es läßt sich leicht zeigen, daß auf diese Weise tatsächlich durchschnittliche Größen ermittelt werden. Wenn wir z.B. die Summe der abgezinsten Einnahmen berechnen, dann wissen wir, daß dies wie folgt geschehen kann, wenn wir mit gleichbleibenden Einnahmen arbeiten. Der Barwert der Einnahmen (C_E) lautet dann:

$$C_E = E \cdot \frac{(1+i)^n - 1}{i\,(1+i)^n}.$$

Ist jetzt umgekehrt der Barwert der Einnahmen bekannt (dieser muß ja im Rahmen der Annuitätenmethode zuvor durch Abzinsen der einzelnen Einnahmen ermittelt werden), dann kann die durchschnittliche Einnahme durch einfache Umformung der vorstehenden Gleichung in folgender Weise errechnet werden:

$$E = C_E \cdot \frac{(1+i)^n \cdot i}{(1+i)^n - 1}.$$

Für die Ausgaben gilt entsprechendes. Bei gleichbleibenden laufenden Ausgaben läßt sich der Barwert der Ausgaben (C_A) folgendermaßen bestimmen:

$$C_A = A_0 + A \cdot \frac{(1+i)^n - 1}{i\,(1+i)^n}.$$

Ist wieder umgekehrt der Barwert der Ausgaben bekannt, dann ergibt sich bei Multiplikation mit dem Wiedergewinnungsfaktor:

$$C_A \cdot \frac{(1+i)^n \cdot i}{(1+i)^n - 1} = A_0 \cdot \frac{(1+i)^n \cdot i}{(1+i)^n - 1} + A,$$

d.h. die durchschnittlichen jährlichen Ausgaben setzen sich zusammen aus der durchschnittlichen laufenden Ausgabe (A) und dem Produkt aus der Anschaffungsausgabe und dem Wiedergewinnungsfaktor. Das Produkt gibt den sog. Kapitaldienst einer Investition an. Der *Kapitaldienst* ist derjenige Betrag, der durchschnittlich jährlich für Tilgung und Verzinsung des eingesetzten Kapitals aufgebracht werden muß[7]).

---

[7]) Bei einfacher Zinsrechnung, d.h. bei Vernachlässigung der Zinseszinsen, vereinfacht sich der Ausdruck

$$A_0 \cdot \frac{(1+i)^n \cdot i}{(1+i)^n - 1} \text{ zu } \frac{A_0}{n} + \frac{A_0}{2} \cdot i.$$

Den durchschnittlichen Gewinn einer Investition kann man demnach folgendermaßen ermitteln:

$$C \cdot \frac{(1+i)^n \cdot i}{(1+i)^n - 1} = C_E \cdot \frac{(1+i)^n \cdot i}{(1+i)^n - 1} - C_A \cdot \frac{(1+i)^n \cdot i}{(1+i)^n - 1}$$

$$= E - A - A_0 \cdot \frac{(1+i)^n \cdot i}{(1+i)^n - 1}.$$

Da der durchschnittliche Gewinn größer oder zumindest gleich Null sein soll, muß gelten:

$$E - A \geq A_0 \cdot \frac{(1+i)^n \cdot i}{(1+i)^n - 1}.$$

Mit anderen Worten, das oben genannte Kriterium für die Annuitätenmethode sagt bei genauerer Betrachtung nichts anderes aus, als daß die durchschnittlichen Einnahmen-Überschüsse größer als der Kapitaldienst einer Investition sein müssen.

Es ist unmittelbar einsichtig, daß die Annuitätenmethode bei einer einzelnen Investition zum gleichen Ergebnis führen muß wie die Kapitalwertmethode (und auch die Methode des internen Zinsfußes). Da der Wiedergewinnungsfaktor nie negativ sein kann, muß auch die Annuität – das Produkt aus Kapitalwert und Wiedergewinnungsfaktor – immer dann positiv werden, wenn auch der Kapitalwert positiv ist.

Die Annuitätenmethode wird nun am häufigsten auf das Ersatzproblem angewendet, weil die Kapitalwertmethode und die Methode des internen Zinsfußes zur Lösung des Ersatzproblems nicht geeignet sind.

Frage

15. Warum sind die Kapitalwertmethode und die Methode des internen Zinsfußes zur Lösung des Ersatzproblems nicht geeignet?

Im Falle des Ersatzproblems ist dann allerdings zu berücksichtigen, daß der Kapitaldienst der alten Anlage beim Ersatzvergleich herausgelassen werden muß, da die Anschaffungsausgabe der alten Anlage der Vergangenheit angehört (vgl. dazu die Ausführungen bei den statischen Verfahren). Bezeichnen wir die alte Anlage mit A und die neue Anlage mit N, dann lautet die Entscheidungsregel der Annuitätenmethode beim Ersatzvergleich:

$$E_A - A_A \gtrless E_N - A_N - A_{ON} \cdot \frac{(1+i)^n \cdot i}{(1+i)^n - 1}.$$

Wie man leicht sieht, unterscheidet sich dieses Kriterium von dem entsprechenden Kriterium bei der Gewinnvergleichsrechnung nur dadurch, daß beim Kapitaldienst

Zinseszinsen berücksichtigt werden. Während jedoch dort von vornherein von durchschnittlichen Werten ausgegangen wird, werden im Rahmen der Annuitätenmethode die einzelnen Einnahmen und Ausgaben zunächst durch das Abzinsen vergleichbar gemacht und dann erst mit Hilfe des Wiedergewinnungsfaktors gleichmäßig auf die einzelnen Jahre verteilt, Tabelle 13.

Tabelle 13. Ersatzvergleich mit Hilfe der Annuitätenmethode.

alte Anlage: Restlebensdauer 4 Jahre, i = 0,1

Jahr	Einnahmen DM	Ausgaben DM	Einnahmen-Überschüsse DM	Abzinsungsfaktor für i = 10 %	abgezinste Einnahmen-Überschüsse DM
1	60000,–	12000,–	48000,–	0,909	43632,–
2	60000,–	15000,–	45000,–	0,826	37170,–
3	50000,–	18000,–	32000,–	0,751	24032,–
4	60000,–	20000,–	40000,–	0,683	27320,–
Summe der abgezinsten Einnahmen-Überschüsse					132154,–
Multiplikation mit dem Wiedergewinnungsfaktor					0,315
= Annuität					41629,–

neue Anlage: Lebensdauer 6 Jahre, A_0 = 100000,– DM

Jahr	Einnahmen DM	Ausgaben DM	Einnahmen-Überschüsse DM	Abzinsungsfaktor für i = 10 %	abgezinste Einnahmen-Überschüsse DM
1	70000,–	15000,–	55000,–	0,909	49995,–
2	75000,–	19000,–	56000,–	0,826	46256,–
3	50000,–	20000,–	30000,–	0,751	22530,–
4	70000,–	22000,–	48000,–	0,683	32784,–
5	80000,–	24000,–	56000,–	0,621	34776,–
6	75000,–	24000,–	51000,–	0,564	28764,–
Summe der abgezinsten Einnahmen-Überschüsse					215105,–
Multiplikation mit dem Wiedergewinnungsfaktor					0,230
= durchschnittlicher Einnahmen-Überschuß					49474,–
abzüglich Kapitaldienst ($A_0 \times$ Wiedergewinnungsfaktor)					23000,–
= Annuität					26474,–

Es zeigt sich also, daß ein Ersatz der alten Anlage nicht in Frage kommt. Die neue Anlage ist zwar bei den Einnahmen-Überschüssen durchschnittlich um 7845,– DM günstiger, dies reicht jedoch nicht aus, um den zusätzlichen Kapitaldienst beim Einsatz der neuen Anlage von 23000,– DM zu decken.

2.2.3.5. *Die Kapitalbudgetierungsmethoden*

Im Rahmen der Kapitalbudgetierungsmethoden wird der Versuch gemacht, die Planung der Investitionen um die Planung der Finanzierung zu erweitern. Dies erweist sich dann als notwendig, wenn das für Investitionen zur Verfügung stehende Kapital knapp ist. Ein Unternehmen, das sich einer Vielzahl von Investitionsmöglichkeiten gegenübersieht, dessen für Investitionen zur Verfügung stehendes Kapital jedoch begrenzt ist, steht dann vor der Aufgabe, eine Auswahl unter den gegebenen Investitionsmöglichkeiten zu treffen.

Im Abschn. 2.1.2 war gesagt worden, ein Wahlproblem entsteht dann, wenn die finanziellen Mittel nicht ausreichen, um alle möglichen Investitionen durchzuführen. Nehmen wir einmal an, es stünde zur Finanzierung von Investitionen ein Betrag von 100000,– DM zur Verfügung. Des weiteren mögen sich drei Investitionen bieten, die folgende Anschaffungsausgaben erfordern:

Investition I : 60000,– DM
Investition II : 70000,– DM
Investition III : 80000,– DM.

Es stellt sich dann ein Auswahlproblem in der Form, daß diejenige Investition auszuwählen ist, die im Hinblick auf die Zielsetzung der Unternehmung am günstigsten ist. Das verfügbare Kapital reicht lediglich aus, um jeweils eine der möglichen Investitionen durchzuführen. Wir haben in den vorhergehenden Abschnitten erläutert, wie eine Auswahl in diesem Falle zu erfolgen hat.

Hier ist jedoch etwas anderes gemeint. Nehmen wir einmal an, die Finanzierungsgrenze läge bei 200000,– DM. Vorausgesetzt, die Investitionen sind für sich gesehen vorteilhaft, dann kann die Unternehmung entweder die Investitionen I+II, die Investitionen I+III oder die Investitionen II+III durchführen. Man kann sich vorstellen, daß die Anzahl der Kombinationen sehr schnell zunimmt, wenn die Anzahl der Investitionsmöglichkeiten steigt. Die Unternehmung steht dann vor dem Problem, welche und wie viele Investitionen durchzuführen sind. Man spricht daher in diesem Zusammenhang auch von der Aufstellung von Investitionsprogrammen.

Frage

16. Läßt sich dieses Problem mit Hilfe der Kapitalwertmethode, der Methode des internen Zinsfußes oder der Annuitätenmethode lösen?

Von den Amerikanern *Lutz* und *Dean* sind zwei Verfahren entwickelt worden, um dieses Problem zu lösen. Diese Verfahren bauen auf der Kapitalwertmethode und auf der Methode des internen Zinsfußes auf.

Bei dem Verfahren von *Lutz* werden die Investitionen dadurch in eine Reihenfolge gebracht, daß der Kapitalwert pro eingesetzter Geldeinheit für jede Investition gebildet wird. In der dadurch begründeten Reihenfolge wird das verfügbare Kapital den Investitionen zugeteilt.

Nach dem Verfahren von *Dean* hingegen werden die Investitionen nach der Höhe ihres internen Zinsfußes geordnet. In dieser Reihenfolge werden die Investitionen verwirklicht bis das verfügbare Kapital ausgenutzt ist.

Frage

17. Was läßt sich gegen die Kapitalbudgetierungsmethoden einwenden?

2.2.3.6. Neuere Verfahren

Im vorhergehenden Abschnitt war gesagt worden, daß die Investitionsplanung um die Finanzplanung zu erweitern ist, wenn das für Investitionen zur Verfügung stehende Kapital knapp ist. Es ist unmittelbar einsichtig, daß dann nicht alle Investitionen durchgeführt werden können, die für sich gesehen vorteilhaft sind, wenn die Unternehmung nicht in Liquiditätsschwierigkeiten kommen will. Eine isolierte Investitionsplanung wäre daher nicht sinnvoll.

Wie wir weiter gesehen haben, ergeben sich Ansatzpunkte für eine Lösung, wenn man weiß, daß die Finanzierungsgrenze wirksam wird. Das knappe Kapital ist dann so aufzuteilen, daß das im Hinblick auf die Zielsetzung der Unternehmung günstigste Ergebnis erzielt wird. Im Rahmen der Kapitalbudgetierungsmethoden bedeutet dies eine Maximierung des Totalgewinns bzw. der Totalrentabilität der Unternehmung.

Im allgemeinen kann jedoch nicht von vornherein gesagt werden, ob ein bestimmter Teilbereich der Unternehmung, hier der Finanzierungsbereich, zum Engpaß wird. In dieser Hinsicht kommen grundsätzlich alle Teilbereiche einer Unternehmung in Frage. Eine Investitionsplanung ist daher nur sinnvoll in Form einer Gesamtplanung der Unternehmung. Eine Faustregel der Betriebswirtschaftslehre, das Ausgleichsgesetz der Planung, besagt daher, daß die Gesamtplanung einer Unternehmung am jeweiligen Engpaßsektor anzusetzen hat. Entsprechend den Entscheidungen, die sich an diesem primären Engpaßsektor ausrichten, werden sich jedoch neue Engpässe ergeben. Mit anderen Worten, die Teilbereiche einer Unternehmung sind so lange zu koordinieren und abzustimmen, bis das in bezug auf die Zielsetzung der Unternehmung optimale Ergebnis erreicht ist.

Eine derartige Gesamtplanung ist nur im Rahmen der neueren Verfahren der Investitionsplanung möglich. Diese Verfahren basieren auf den Methoden des Operations Research und hier insbesondere auf der Methode der linearen Programmierung.

Frage

18. Was versteht man unter Operations Research?

Ein Planungsmodell der linearen Programmierung besteht aus einer Zielfunktion, die unter Beachtung einer Reihe von Nebenbedingungen, z.T. in Form von Ungleichungen, zu maximieren ist.

Als Zielgröße der Zielfunktion wird dabei im allgemeinen der Gewinn der Unternehmung im Gesamtplanungszeitraum angenommen. Im einfachen Fall sieht das wie folgt aus:

Gesamtgewinn = Anzahl der in den einzelnen Perioden abzusetzenden Mengen der verschiedenen Produkte, multipliziert mit den Preisen der Produkte in den einzelnen Perioden.
./. Anzahl der in den einzelnen Perioden herzustellenden Mengen der verschiedenen Produkte, multipliziert mit den produktabhängigen Ausgaben der verschiedenen Produkte in den einzelnen Perioden.
./. Anzahl der verschiedenen in den einzelnen Perioden anzuschaffenden Anlagen multipliziert mit den anlagenabhängigen Ausgaben der verschiedenen Anlagen in den einzelnen Perioden.

Zu bestimmende Größen dieser Zielfunktion sind die in den einzelnen Perioden herzustellenden Mengen der verschiedenen Produkte und die Anzahl der verschiedenen Anlagen, die in den einzelnen Perioden anzuschaffen sind. Gegebene Größen der Zielfunktion sind die Preise, die produktabhängigen Ausgaben und die anlagenabhängigen Ausgaben. Diese Größen müssen also zuvor ermittelt werden. Sie müssen außerdem mit dem Kalkulationszinsfuß abgezinst werden, um sie vergleichbar zu machen, da es sich um Größen verschiedener Perioden handelt.

Die Formulierung einer Reihe von Nebenbedingungen sorgt für die Abstimmung der einzelnen Teilbereiche der Unternehmung. Dies sind:

a) Kapazitätsbedingungen

   Sie stellen sicher, daß die von den verschiedenen Produkten in den einzelnen Perioden benötigten Kapazitäten nicht größer sind als die in den einzelnen Perioden verfügbaren Kapazitäten.

b) Absatzbedingungen

   Die von einem Produkt in einer Periode abzusetzende Menge darf nicht größer sein als die in der gleichen Periode absetzbare Höchstmenge dieses Produktes.

c) Finanzierungsbedingungen

   Die von den verschiedenen Anlagen verursachten Ausgaben in den einzelnen Perioden dürfen nicht größer sein als die in den einzelnen Perioden verfügbaren finanziellen Mittel.

Es können aber noch weitere Nebenbedingungen hinzutreten, insbesondere im Personalbereich, im Beschaffungsbereich und im Bereich der Lagerhaltung.

Frage

19. Wann wird die Anwendung der linearen Programmierung in der Investitionsrechnung erforderlich?

Der wesentliche Vorteil der Methode der linearen Programmierung kann darin gesehen werden, daß sie das Problem der *Einnahmenzurechnung* vermeidet. Dies ist ein Problem, auf das bisher überhaupt nicht eingegangen wurde. Alle bisher genannten Methoden setzen voraus, daß es möglich ist, den Investitionen Einnahmen zuzurechnen. Dabei sieht man sich jedoch im allgemeinen vor unlösbare Schwierigkeiten gestellt.

Nehmen wir einmal folgenden einfachen Fall an: Die Produkte einer Unternehmung müssen nacheinander auf zwei Maschinen bearbeitet werden, bevor sie fertiggestellt sind. Es liegt also ein zweistufiger Produktionsprozeß vor, wobei auf jeder Stufe lediglich eine Maschine vorhanden ist. Die Maschinen besitzen folgende Fertigungskapazitäten:

Stufe 1: 10000 Leistungseinheiten,

Stufe 2: 15000 Leistungseinheiten.

Die Stufe 1 bildet demnach einen Engpaß, wenn man mehr als 10000 Leistungseinheiten herstellen möchte. Man wird also versuchen, in Stufe 1 eine weitere Maschine zu installieren. Wenn wir annehmen, es würde eine zusätzliche Maschine des gleichen Typs installiert, dann könnten nur 5000 weitere Leistungseinheiten erstellt werden, da jetzt die Stufe 2 zum Engpaß wird. Anders wäre dies, wenn in Stufe 2 eine Maschine mit einer Kapazität von 20000 Leistungseinheiten vorhanden wäre. Es könnten dann zusätzlich 10000 Leistungeinheiten erstellt werden. Mit anderen Worten, der Nutzen, den eine Investition erbringt, hängt davon ab, welche Investitionen gleichzeitig durchgeführt werden bzw. in der Vergangenheit durchgeführt wurden. Der Nutzen einer Investition hängt aber auch davon ab, welche Investitionen in Zukunft durchgeführt werden. Es genügt also nicht, nur die Investitionen zu betrachten, die zu einem bestimmten Zeitpunkt möglich sind, sondern es müssen auch die zukünftigen Investitionen in die Betrachtung einbezogen werden. Dies geschieht im Rahmen der linearen Programmierung. Art und Anzahl der durchzuführenden Investitionen werden für mehrere Perioden bestimmt.

Das Problem der Einnahmenzurechnung wird im Rahmen der linearen Programmierung dadurch gelöst, daß das Produktions- und Investitionsprogramm gemeinsam bestimmt werden. Es wird gar nicht erst versucht, einer einzelnen Investition bestimmte Einnahmen zuzurechnen. Dies ist auch nur möglich, wenn das Produktionsprogramm bereits festliegt. In der oben formulierten Zielfunktion werden die Einnahmen daher über das Produktionsprogramm festgelegt (wenn keine Lagerhaltung vorliegt, ist das Produktionsprogramm gleich dem Absatzprogramm). Das Produktionsprogramm hat sich an den gegebenen Kapazitäten auszurichten, wenn keine Absatzgrenzen oder andere Beschränkungen vorher wirksam werden. Die Kapazitätsgrenzen wiederum werden durch das Investitionsprogramm bestimmt, Art und Anzahl der durchzuführenden Investitionen schließlich werden begrenzt durch die verfügbaren finanziellen Mittel.

Der schwerwiegenste Nachteil der Methode der linearen Programmierung besteht darin, daß bisher keine uneingeschränkt brauchbaren Rechenverfahren existieren, die eine Ganzzahligkeit der im Rahmen eines solchen Modells zu bestimmenden Größen garantieren. Dies gilt insbesondere im Hinblick auf die Anzahl der durchzuführenden Investitionen. Der Simplex-Algorithmus, mit dem Planungsmodelle der linearen Programmierung im allgemeinen gelöst werden, schließt nicht aus, daß sich gebrochene Zahlen als Lösungswerte ergeben.

2.3. Anwendbarkeit der Investitionsrechnungsverfahren

Die statischen Verfahren der Investitionsrechnung basieren auf Durchschnittswerten. Damit wird der Tatsache Rechnung getragen, daß es vielfach nicht möglich ist, die Ausgaben und Einnahmen einer Investition während ihrer gesamten Lebensdauer zu schätzen. Dies erklärt wohl zu einem großen Teil, warum diese Verfahren noch so häufig angewendet werden. Daneben sind die statischen Verfahren weniger rechenaufwendig. Insofern können sie im Vergleich zu den dynamischen Verfahren wirtschaftlicher sein.

Die dynamischen Verfahren setzen einen höheren Informationsstand voraus, da sie die Einnahmen und Ausgaben während der gesamten Lebensdauer einer Investition in die Betrachtung einbeziehen. Im Vergleich zu den statischen Verfahren sind sie jedoch wesentlich exakter (selbst dann, wenn die genauen Einnahmen und Ausgaben nicht ermittelt und nur durchschnittliche Einnahmen-Überschüsse bestimmt werden können). Die dynamischen Verfahren berücksichtigen, daß Einnahmen und Ausgaben, die zu unterschiedlichen Zeitpunkten anfallen, wirtschaftlich nicht gleichwertig sind. Einnahmen, die zeitlich früher anfallen, wiegen schwerer als solche, die später anfallen, da sie zinsbringend wieder angelegt werden können. Ausgaben, die früher anfallen, wiegen danach ebenfalls schwerer, da sie entweder verzinst werden müssen oder durch Schmälerung der Einnahmen einen Zinsentgang bedeuten.

Die neueren Verfahren vermeiden Schwierigkeiten, die sich bei allen anderen Investitionsrechnungsverfahren ergeben. Wie wir gesehen haben, bestehen diese Schwierigkeiten in der Notwendigkeit, einzelnen Investitionen Einnahmen zurechnen zu müssen. Aus diesem Grunde ist vielfach ein Einwand, der gegen die neueren Verfahren gemacht wird, nicht zutreffend. Man sagt oft, es sei zu aufwendig, sämtliche für ein Planungsmodell der linearen Programmierung benötigten Daten zu beschaffen. Unter Einbeziehung der Zurechnungsproblematik bei den Einnahmen ist dieser Aufwand bei den anderen Verfahren jedoch u.U. viel höher. Als Mangel der neueren Verfahren wurde genannt, daß sie keine ganzzahligen Lösungswerte hervorbringen. Häufig sind aber die durch Auf- und Abrunden gefundenen Lösungen, obwohl sie selten optimal sind, besser als bei allen anderen Verfahren. Wenn das Modell einmal steht, läßt sich nämlich relativ einfach feststellen, welches Ergebnis sich bei einem bestimmten Investitionsprogramm, d.h. bei gegebenen Kapazitäten, ergibt. Dieses Ergebnis wird im wesentlichen davon abhängen, ob und in welchem Umfang in anderen Teilbereichen der Unternehmung Beschränkungen wirksam werden.

Bei anderen Investitionsrechnungsverfahren besteht daher prinzipiell die Gefahr, daß sie Investitionen als vorteilhaft ansehen, die gar nicht realisierbar sind, weil andere Teilbereiche der Unternehmung dies nicht zulassen.

Ein anderer Gesichtspunkt kann den Einsatz der neueren Verfahren jedoch entscheidend hemmen. Die Anwendung der Methode der linearen Programmierung bedingt den Einsatz von Computern. Dies wirft insbesondere für Kleinbetriebe die Frage nach der Wirtschaftlichkeit der Planung selber auf.

Generell gilt folgendes: man kann nicht von vornherein sagen, dieses oder jenes Verfahren ist günstiger. Dies hängt sowohl von den konkreten Gegebenheiten in einer Unternehmung als auch von den spezifischen Voraussetzungen der einzelnen Verfahren ab.

Investitionsrechnungsverfahren sollen eine rationale Beurteilung der Investitionstätigkeit im Hinblick auf die Zielsetzung der Unternehmung ermöglichen. Man sollte sie daher vor allem in bezug auf die Schwierigkeiten bei der Schätzung von Einnahmen nicht für überflüssig halten und intuitive Entscheidungen fällen. Es erscheint vielmehr sinnvoll, die Auswirkungen mehrerer möglicher Situationen zu berechnen und sich dann erst an Hand dieser Rechenergebnisse zu entscheiden.

2.4. Zinstabellen

Abzinsungsfaktor $\frac{1}{(1+i)^n}$

Jahre	Zinssatz										
n	1 %	2 %	3 %	4 %	5 %	6 %	7 %	8 %	9 %	10 %	11 %
1	0,990	0,980	0,971	0,962	0,952	0,943	0,935	0,926	0,917	0,909	0,901
2	0,980	0,961	0,943	0,925	0,907	0,890	0,873	0,857	0,842	0,826	0,812
3	0,971	0,942	0,915	0,889	0,864	0,840	0,816	0,794	0,772	0,751	0,731
4	0,961	0,924	0,888	0,855	0,823	0,792	0,763	0,735	0,708	0,683	0,659
5	0,951	0,906	0,863	0,822	0,784	0,747	0,713	0,681	0,650	0,621	0,593
6	0,942	0,888	0,837	0,790	0,746	0,705	0,666	0,630	0,596	0,564	0,535
7	0,933	0,871	0,813	0,760	0,711	0,665	0,623	0,583	0,547	0,513	0,482
8	0,923	0,853	0,789	0,731	0,677	0,627	0,582	0,540	0,502	0,467	0,434
9	0,914	0,837	0,766	0,703	0,645	0,592	0,544	0,500	0,460	0,424	0,391
10	0,905	0,820	0,744	0,676	0,614	0,558	0,508	0,463	0,422	0,386	0,352
11	0,896	0,804	0,722	0,650	0,585	0,527	0,475	0,429	0,388	0,350	0,317
12	0,887	0,788	0,701	0,625	0,557	0,497	0,444	0,397	0,356	0,319	0,286
13	0,879	0,773	0,681	0,601	0,530	0,469	0,415	0,368	0,326	0,290	0,258
14	0,870	0,758	0,661	0,557	0,505	0,442	0,388	0,340	0,299	0,263	0,232
15	0,861	0,743	0,642	0,555	0,481	0,417	0,362	0,315	0,275	0,239	0,209
16	0,853	0,728	0,623	0,534	0,458	0,394	0,339	0,292	0,252	0,218	0,188
17	0,844	0,714	0,605	0,513	0,436	0,371	0,317	0,270	0,231	0,198	0,170
18	0,836	0,700	0,587	0,494	0,416	0,350	0,296	0,250	0,212	0,180	0,153
19	0,828	0,686	0,570	0,475	0,396	0,331	0,277	0,232	0,194	0,164	0,138
20	0,820	0,673	0,554	0,456	0,377	0,312	0,258	0,215	0,178	0,149	0,124

Jahre	Zinssatz									
n	12 %	13 %	14 %	15 %	16 %	17 %	18 %	19 %	20 %	30 %
1	0,893	0,885	0,877	0,870	0,862	0,855	0,847	0,840	0,833	0,769
2	0,797	0,783	0,769	0,756	0,743	0,731	0,718	0,706	0,694	0,592
3	0,712	0,693	0,675	0,658	0,641	0,624	0,609	0,593	0,579	0,455
4	0,636	0,613	0,592	0,572	0,552	0,534	0,516	0,499	0,482	0,350
5	0,567	0,543	0,519	0,497	0,476	0,456	0,437	0,419	0,402	0,269
6	0,507	0,480	0,456	0,432	0,410	0,390	0,370	0,352	0,335	0,207
7	0,452	0,425	0,400	0,376	0,354	0,333	0,314	0,296	0,279	0,159
8	0,404	0,376	0,351	0,327	0,305	0,285	0,266	0,249	0,233	0,123
9	0,361	0,333	0,308	0,284	0,263	0,243	0,225	0,209	0,194	0,094
10	0,322	0,295	0,270	0,247	0,227	0,208	0,191	0,176	0,162	0,073
11	0,287	0,261	0,237	0,215	0,195	0,178	0,162	0,148	0,135	0,056
12	0,257	0,231	0,208	0,187	0,168	0,152	0,137	0,124	0,112	0,043
13	0,229	0,204	0,182	0,163	0,145	0,130	0,116	0,104	0,093	0,033
14	0,205	0,181	0,160	0,141	0,125	0,111	0,099	0,088	0,078	0,025
15	0,183	0,160	0,140	0,123	0,108	0,095	0,084	0,074	0,065	0,020
16	0,163	0,141	0,123	0,107	0,093	0,081	0,070	0,062	0,054	0,015
17	0,146	0,125	0,108	0,093	0,080	0,069	0,060	0,052	0,045	0,012
18	0,130	0,111	0,095	0,081	0,069	0,059	0,051	0,044	0,038	0,009
19	0,116	0,098	0,083	0,070	0,060	0,051	0,043	0,037	0,031	0,007
20	0,104	0,087	0,073	0,061	0,051	0,043	0,037	0,031	0,026	0,005

Abzinsungssummenfaktor $\frac{(1 + i)^n - 1}{i\,(1 + i)^n}$

Jahre / Zinssatz

n	1 %	2 %	3 %	4 %	5 %	6 %	7 %	8 %	9 %	10 %	11 %
1	0,990	0,980	0,971	0,962	0,952	0,943	0,935	0,926	0,917	0,909	0,901
2	1,970	1,942	1,913	1,886	1,859	1,833	1,808	1,783	1,758	1,736	1,713
3	2,941	2,884	2,829	2,775	2,723	2,673	2,624	2,577	2,529	2,487	2,445
4	3,902	3,808	3,717	3,630	3,546	3,465	3,387	3,312	3,236	3,170	3,105
5	4,853	4,713	4,580	4,452	4,329	4,212	4,100	3,993	3,884	3,791	3,700
6	5,795	5,601	5,417	5,242	5,076	4,917	4,766	4,623	4,478	4,355	4,236
7	6,728	6,472	6,230	6,002	5,786	5,582	5,389	5,206	5,023	4,868	4,719
8	7,652	7,325	7,020	6,733	6,463	6,210	5,971	5,747	5,523	5,335	5,154
9	8,566	8,162	7,786	7,435	7,107	6,802	6,515	6,247	5,982	5,759	5,546
10	9,471	8,983	8,530	8,111	7,722	7,360	7,024	6,710	6,403	6,145	5,899
11	10,368	9,787	9,253	8,760	8,306	7,887	7,499	7,139	6,789	6,495	6,217
12	11,255	10,575	9,954	9,385	8,863	8,384	7,943	7,536	7,143	6,814	6,504
13	12,134	11,348	10,635	9,986	9,394	8,853	8,356	7,904	7,468	7,103	6,763
14	13,004	12,106	11,296	10,563	9,899	9,295	8,745	8,244	7,766	7,367	6,996
15	13,865	12,849	11,938	11,118	10,380	9,712	9,108	8,559	8,039	7,606	7,206
16	14,718	13,578	12,561	11,652	10,838	10,106	9,447	8,851	8,289	7,824	7,395
17	15,562	14,292	13,166	12,166	11,274	10,477	9,763	9,122	8,518	8,022	7,565
18	16,398	14,992	13,754	12,659	11,690	10,828	10,059	9,372	8,728	8,201	7,718
19	17,226	15,678	14,324	13,134	12,085	11,158	10,335	9,604	8,921	8,365	7,856
20	18,046	16,351	14,877	13,590	12,462	11,470	10,594	9,818	9,098	8,514	7,980

Jahre / Zinssatz

n	12 %	13 %	14 %	15 %	16 %	17 %	18 %	19 %	20 %	30 %
1	0,893	0,885	0,877	0,870	0,862	0,855	0,847	0,840	0,833	0,769
2	1,690	1,668	1,647	1,626	1,605	1,586	1,566	1,546	1,528	1,361
3	2,402	2,361	2,322	2,283	2,246	2,211	2,174	2,139	2,106	1,816
4	3,037	2,974	2,914	2,855	2,798	2,745	2,690	2,637	2,589	2,166
5	3,605	3,517	3,433	3,352	3,274	3,202	3,127	3,055	2,991	2,436
6	4,111	3,998	3,889	3,784	3,685	3,593	3,498	3,406	3,326	2,643
7	4,564	4,424	4,288	4,160	4,039	3,927	3,812	3,701	3,605	2,802
8	4,968	4,801	4,639	4,487	4,344	4,213	4,078	3,949	3,837	2,925
9	5,328	5,135	4,946	4,772	4,607	4,458	4,303	4,157	4,031	3,019
10	5,650	5,431	5,216	5,019	4,833	4,667	4,494	4,332	4,192	3,092
11	5,988	5,693	5,453	5,234	5,029	4,846	4,656	4,479	4,327	3,147
12	6,194	5,925	5,660	5,421	5,197	4,999	4,793	4,602	4,439	3,190
13	6,424	6,130	5,842	5,583	5,342	5,130	4,910	4,705	4,533	3,223
14	6,628	6,311	6,002	5,724	5,468	5,242	5,008	4,792	4,611	3,249
15	6,811	6,471	6,142	5,847	5,575	5,338	5,092	4,865	4,675	3,268
16	6,974	6,613	6,265	5,954	5,669	5,420	5,162	4,926	4,730	3,283
17	7,120	6,739	6,373	6,047	5,749	5,490	5,222	4,977	4,775	3,295
18	7,250	6,851	6,467	6,128	5,818	5,550	5,273	5,020	4,812	3,304
19	7,366	6,950	6,550	6,198	5,877	5,601	5,316	5,056	4,844	3,311
20	7,469	7,038	6,623	6,259	5,929	5,645	5,353	5,089	4,870	3,316

Wiedergewinnungsfaktor $\frac{i(1+i)^n}{(1+i)^n - 1}$

Jahre	Zinssatz										
n	1 %	2 %	3 %	4 %	5 %	6 %	7 %	8 %	9 %	10 %	11 %
1	1,010	1,020	1,030	1,040	1,050	1,060	1,070	1,080	1,090	1,100	1,110
2	0,508	0,515	0,522	0,530	0,538	0,545	0,553	0,561	0,568	0,576	0,584
3	0,340	0,347	0,354	0,360	0,367	0,374	0,381	0,388	0,395	0,402	0,409
4	0,256	0,263	0,269	0,275	0,282	0,289	0,295	0,302	0,309	0,315	0,322
5	0,206	0,212	0,218	0,225	0,231	0,237	0,244	0,250	0,257	0,264	0,271
6	0,173	0,179	0,185	0,191	0,197	0,203	0,210	0,216	0,223	0,230	0,236
7	0,149	0,155	0,161	0,167	0,173	0,179	0,186	0,192	0,199	0,205	0,212
8	0,131	0,137	0,142	0,149	0,155	0,161	0,167	0,174	0,181	0,187	0,194
9	0,117	0,123	0,128	0,134	0,141	0,147	0,153	0,160	0,167	0,174	0,181
10	0,106	0,111	0,117	0,123	0,130	0,136	0,142	0,149	0,156	0,163	0,170
11	0,096	0,102	0,108	0,114	0,120	0,127	0,133	0,140	0,147	0,154	0,161
12	0,089	0,095	0,100	0,107	0,113	0,119	0,126	0,133	0,140	0,147	0,154
13	0,082	0,088	0,094	0,100	0,106	0,113	0,120	0,127	0,134	0,141	0,148
14	0,077	0,083	0,089	0,095	0,101	0,108	0,114	0,121	0,128	0,136	0,143
15	0,072	0,078	0,084	0,090	0,096	0,103	0,110	0,117	0,124	0,131	0,139
16	0,068	0,074	0,080	0,086	0,092	0,099	0,106	0,113	0,120	0,128	0,136
17	0,064	0,070	0,076	0,082	0,089	0,095	0,102	0,110	0,117	0,125	0,132
18	0,061	0,067	0,073	0,079	0,086	0,092	0,099	0,107	0,114	0,122	0,130
19	0,058	0,064	0,070	0,076	0,083	0,090	0,097	0,104	0,112	0,120	0,128
20	0,055	0,061	0,067	0,074	0,080	0,087	0,094	0,102	0,110	0,117	0,126

Jahre	Zinssatz									
n	12 %	13 %	14 %	15 %	16 %	17 %	18 %	19 %	20 %	30 %
1	1,120	1,130	1,140	1,150	1,160	1,170	1,180	1,190	1,200	1,300
2	0,592	0,599	0,607	0,615	0,623	0,631	0,639	0,647	0,655	0,735
3	0,416	0,424	0,431	0,438	0,445	0,453	0,460	0,467	0,475	0,551
4	0,329	0,336	0,343	0,350	0,357	0,365	0,372	0,379	0,386	0,462
5	0,277	0,284	0,291	0,298	0,305	0,313	0,320	0,327	0,334	0,411
6	0,243	0,250	0,257	0,264	0,271	0,279	0,286	0,293	0,301	0,378
7	0,219	0,226	0,233	0,240	0,248	0,255	0,262	0,270	0,277	0,357
8	0,201	0,208	0,216	0,223	0,230	0,238	0,245	0,253	0,261	0,342
9	0,188	0,195	0,202	0,210	0,217	0,225	0,232	0,240	0,248	0,331
10	0,177	0,184	0,192	0,199	0,207	0,215	0,223	0,230	0,239	0,323
11	0,168	0,176	0,183	0,191	0,199	0,207	0,215	0,223	0,231	0,318
12	0,161	0,169	0,177	0,184	0,192	0,200	0,209	0,217	0,225	0,313
13	0,156	0,163	0,171	0,179	0,187	0,195	0,204	0,212	0,221	0,310
14	0,151	0,159	0,167	0,175	0,183	0,191	0,200	0,208	0,217	0,308
15	0,147	0,155	0,163	0,171	0,179	0,188	0,196	0,205	0,214	0,306
16	0,143	0,151	0,160	0,168	0,176	0,185	0,194	0,203	0,211	0,305
17	0,140	0,149	0,157	0,165	0,174	0,183	0,191	0,200	0,209	0,304
18	0,138	0,146	0,155	0,163	0,172	0,181	0,190	0,199	0,208	0,303
19	0,136	0,144	0,153	0,161	0,170	0,179	0,188	0,197	0,206	0,302
20	0,134	0,142	0,151	0,160	0,169	0,178	0,187	0,196	0,205	0,302

3. Antworten auf die im Text gestellten Fragen

1. Typische Beispiele sind:

   für Bilanzverlängerung:

   Einlage von Bar- oder Sachwerten durch den Eigner

   Aufnahme von Fremdkapital durch
   - langfristiges Darlehen
   - Inanspruchnahme von Lieferantenkredit

   für Bilanzverkürzung:

   Entnahme von Bar- oder Sachwerten durch den Eigner

   Rückzahlung von Fremdkapital
   - Tilgung eines langfristigen Darlehens
   - Bezahlung einer Schuld beim Lieferanten

   für Passivtausch:

   Umwandlung von Rücklagen in Grundkapital (Kapitalerhöhung aus Gesellschaftsmitteln) bei der Aktiengesellschaft

   Umwandlung des Kapitals eines ausscheidenden Gesellschafters in ein Darlehen

   Umwandlung einer Verbindlichkeit aus erhaltenen Warenlieferungen in ein langfristiges Darlehen des Lieferanten

   für Aktivtausch:

   Verkauf von nicht betriebsnotwendigen Vermögensteilen

   Kapitalfreisetzung durch Abschreibungen

2. In den Wirtschaftswissenschaften spricht man immer dann von einem Gleichgewicht, wenn eine Konstellation allen gestellten Anforderungen genügt, so daß keine Kräfte mehr auf eine Veränderung der Konstellation hinwirken. Eine solche Situation stellt das finanzwirtschaftliche Gleichgewicht für den Finanzbereich einer Unternehmung dar.

3. Für einen außerhalb des Betriebes stehenden Analytiker besteht keine Möglichkeit einer hinreichend genauen Aufteilung auf die einzelnen Vermögensgruppen

auf der Grundlage eines veröffentlichten Jahresabschlusses und Geschäftsberichtes. Darüber hinaus aber ergeben sich auch für interne Aufgliederungen große Schwierigkeiten, besonders wegen der Anbindung an die Kapazität des Betriebes. Es handelt sich also primär um idealtypische Unterscheidungen, die Faktoren und Zusammenhänge deutlich machen, die von den Finanzierungsregeln nicht berücksichtigt wurden.

4. Eigenkapital übt im Gegensatz zum Fremdkapital zwei Funktionen aus: Es kann im Betriebsprozeß eingesetzt werden (Arbeitsfunktion) wie das Fremdkapital; es trägt aber darüber hinaus noch die betrieblichen Risiken in stärkerem Maß als Fremdkapital, denn Verluste zehren zuerst das Eigenkapital auf (Voraushaftungs- oder Garantiefunktion des Eigenkapitals).

   Diese spezifische Funktion des Eigenkapitals kann auch von Kapital ausgeübt werden, das dem Betrieb noch nicht oder nicht ständig zur Verfügung steht, da zur Ausnutzung von Leverage-Effekten Fremdkapital eingesetzt wird oder z.B. in der Gründungsphase einer Kapitalgesellschaft das vorgeschriebene Mindest-Eigenkapital noch nicht benötigt wird.

5. Wir betrachten eine stille Rücklage von 30000,– DM von der Bildung bis zur Auflösung. Wegen der stillen Rücklage sind bei Eigenkapital, Gewinn und Rentabilität jeweils ausgewiesener und effektiver Wert zu unterscheiden. Der effektive Jahresgewinn beträgt konstant 150000,– DM.

	Eigenkapital in Mill. DM		Gewinn in TDM		Rentabilität in %	
	ausgew.	eff.	ausgew.	eff.	ausgew.	eff.
1. Jahr Bildung der Rücklage von 30000,– DM	1,00	1,00	120	150	12,00	15,00
2. Jahr Beibehaltung der Rücklage	1,00	1,03	150	150	15,00	14,56
3. Jahr Auflösung der Rücklage	1,00	1,03	180	150	18,00	14,56

Die ausgewiesene Rentabilität unterscheidet sich stark von der effektiven: Sie steigt stark an, während die effektive Rentabilität gesunken ist.

6. Die Kosten des Kapitaldienstes lassen sich durch den Ausdruck $KD = \frac{A}{t} + \frac{A}{2} i$ wiedergeben.

   Soll die Anschaffungssumme A einer Investition im Laufe von t Jahren wiedergewonnen werden, so muß in jedem Jahr der Betrag $\frac{A}{t}$ wiedergewonnen werden. $\frac{A}{t}$ stellt mithin die jährliche Abschreibung dar. Dabei sind noch keine Zinsen berücksichtigt. Bei gleichmäßig über die Zeit verteilten Abschreibungsrückflüssen ist über den gesamten Investitionszeitraum durchschnittlich Kapital in Höhe von $\frac{A}{2}$ gebunden:

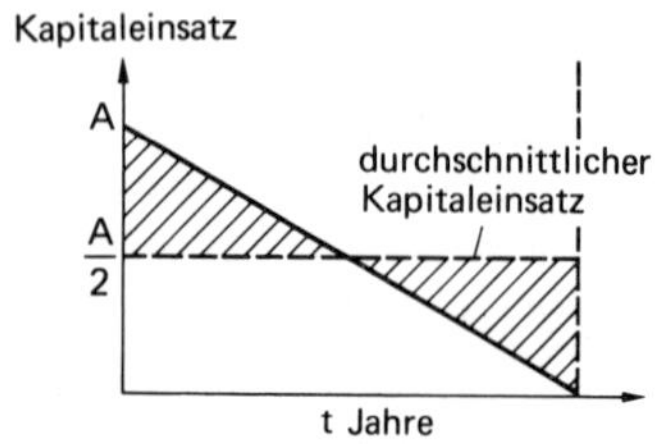

Dieser Kapitalbetrag von $\frac{A}{2}$ ist zu verzinsen. Bei einem Zinssatz von i fallen mithin jährlich Zinsen von $\frac{A}{2} \cdot i$ an.

Beim Vorhandensein evtl. Restwerte R ändert sich die Berechnung der Kosten des Kapitaldienstes allerdings. Abgeschrieben werden braucht dann nur noch die Anschaffungssumme abzüglich des Restwertes. Die durchschnittliche Kapitalbindung besteht dann aus der Hälfte der Anschaffungssumme abzüglich des Restwertes. Dazu kommt dann noch einmal der gesamte Restwert, der ja über die gesamte Lebensdauer der Investition gebunden ist.

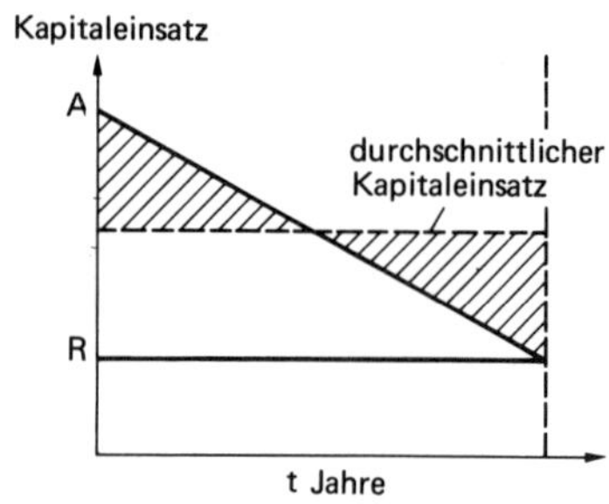

Die Kosten des Kapitaldienstes sind dann:

$$KD = \frac{A - R}{t} + \frac{A - R}{2} \cdot i + R \cdot i$$

$$= \frac{A - R}{t} + \frac{A + R}{2} \cdot i$$

7. In diesem Falle ist die durchschnittliche jährliche Minderung des Liquidationserlöses zuzüglich einer entsprechenden Verzinsung des Liquidationserlöses den Betriebskosten der alten Anlage hinzuzuzählen.

8. Die Durchführung einer Gewinnvergleichsrechnung wird dann unerläßlich. Ein Stückkostenvergleich reicht in keinem Falle aus, da eine höhere quantitative Leistungsmenge nicht unbedingt einen Mehrerlös zur Folge haben muß. Wenn ein Zusammenhang zwischen Ausbringungsmenge und Absatzpreis besteht, bedeutet dies im allgemeinen, daß sich die Anzahl der abgesetzten Leistungseinheiten umgekehrt zur Höhe des Preises verhält. Ein Mehrerlös ist in diesem Falle nur zu erzielen, wenn die zusätzliche Absatzmenge prozentual größer ist als die Minderung des Preises. Nur dann nimmt auch der Erlös als Produkt aus beiden Größen zu.

9. Bei der Rentabilitätsrechnung ist es unzweckmäßig, die Zinsen bei der Gewinnermittlung abzuziehen. Dies würde bedeuten, daß nicht die tatsächliche Rentabilität, sondern nur die über den Ansatz der Zinsen hinausgehende Rentabilität ermittelt wird.

10. Für die Amortisationszeiten in Tabelle 10 ergeben sich folgende Werte:

$$\text{Amortisationszeit Anlage I} = \frac{80000}{42100} = \underline{\underline{1{,}9 \text{ Jahre}}}$$

$$\text{Amortisationszeit Anlage II} = \frac{120000}{70275} = \underline{\underline{1{,}7 \text{ Jahre}}}$$

Eine Installationszeit ist dabei nicht berücksichtigt.

11. Die Ergebnisse beider Betrachtungsweisen weichen voneinander ab, da zwischen einer Kosten-Erlös-Rechnung und einer Ausgaben-Einnahmen-Rechnung sachliche und zeitliche Unterschiede bestehen (vgl. VDI-Taschenbuch T42 *Grundlagen und Grundbegriffe der Betriebswirtschaftslehre*).

Sachliche Unterschiede können weitgehend vernachlässigt werden, weil hier nur Größen betrachtet werden, die im Zusammenhang mit einer Investition stehen. Eine Sonderstellung nehmen im allgemeinen nur die Zinsen auf das eingesetzte Kapital ein. Soweit diese als Kosten angesetzt werden, ist eine Anwendung dynamischer Verfahren nicht sinnvoll, da hier die Zinsen auf das eingesetzte Kapital in den Kalkulationszinsfuß eingehen. Sie müssen daher im Rahmen der dynamischen Verfahren aus den Kosten herausgelassen werden, damit sie nicht in doppelter Weise berücksichtigt werden.

Darüber hinaus können zwischen einer Kosten-Erlös-Rechnung und einer Ausgaben-Einnahmen-Rechnung zeitliche Unterschiede bestehen. Dies hat zur Folge, daß die Überschüsse in den einzelnen Perioden in den beiden Rechnungen nicht übereinstimmen. So wird z.B. die Anschaffungssumme für eine Maschine in einer Ausgaben-Einnahmen-Betrachtung mit einem Betrag im Entscheidungszeitpunkt angesetzt, während sie in einer Kosten-Erlös-Betrachtung in Form der Abschreibung gleichmäßig auf die Nutzungsjahre verteilt wird. In der Totalbetrachtung wird daher bei Berücksichtigung der Verzinsung die Summe der Kosten unter der Summe der Ausgaben liegen. Die Verwendung von Kosten und Erlösen führt somit nur zu einer Näherungslösung, da der Totalgewinn die Differenz aus Einnahmen und Ausgaben ist.

12. Zur Wahl stehen zwei Anlagen I + II mit folgenden Einnahmen und Ausgaben:

Anlage I:

−10000	+2000	+3000	+2500	+2500	+2000	
0	1	2	3	4	5	Zeit

Anlage II:

−6000	+2500	+2500	+2500	
0	1	2	3	Zeit

Bei einem Kalkulationszinsfuß von 5 % ergibt sich für die Anlage I ein Kapitalwert von 411,– DM, für die Anlage II ein Kapitalwert von 808,– DM. Das bedeutet, daß beide Investitionen vorteilhaft sind und die Anlage II der Anlage I vorgezogen wird. Die Frage ist aber, ob dieses Ergebnis so richtig ist?

Die Antwort auf diese Frage kann ohne Einbeziehung der sog. Ergänzungsinvestitionen nicht gegeben werden. Ergänzungsinvestitionen werden erforderlich, wenn sich die Investitionen

1. in ihrer Lebensdauer unterscheiden,
2. eine unterschiedliche Anschaffungsausgabe erfordern oder
3. in den einzelnen Jahren unterschiedliche Einnahmen-Überschüsse aufweisen.

Entscheidet sich die Unternehmung für die Anlage II, dann hätte sie im Vergleich zur Anlage I eine um 4000,– DM niedrigere Anschaffungsausgabe und könnte im Zeitpunkt 0 eine Ergänzungsinvestition in gleicher Höhe tätigen. Außerdem verfügt die Unternehmung im Falle der Anlage II am Ende des ersten Jahres über höhere Einnahmen-Überschüsse und hat bereits am Ende des dritten Jahres alle Ausgaben zurückgewonnen, so daß sie weitere Investitionen tätigen kann. Entscheidet sich die Unternehmung für die Anlage I, so kann sie im Vergleich zur Anlage II am Ende des zweiten, vierten und fünften Jahres Ergänzungsinvestitionen tätigen. Weisen die Ergänzungsinvestitionen positive Kapitalwerte auf, dann müssen diese dem Kapitalwert der Grundinvestition hinzugezählt werden.

Auf eine Einbeziehung der Ergänzungsinvestitionen kann nur verzichtet werden, wenn sich das eingesetzte Kapital gerade zum Kalkulationszinsfuß verzinst, weil dann der Kapitalwert der Ergänzungsinvestition Null wird. Diese Unterstellung macht die Kapitalwertmethode. Es brauchen dann nur die Kapitalwerte der Grundinvestitionen miteinander verglichen werden.

Diese Unterstellung wird jedoch mit der Realität im allgemeinen nicht übereinstimmen. Wir hatten an anderer Stelle gesagt, der Kalkulationszinsfuß bestimmt sich nach den Kapitalkosten. Es ist zwar sinnvoll, für das eingesetzte Kapital eine Verzinsung in Höhe der Kapitalkosten anzusetzen, es ist jedoch nicht sinnvoll anzunehmen, daß sich Einnahmen bzw. Einnahmen-Überschüsse gerade zu diesem Zinsfuß anlegen lassen. Dies würde bedeuten, daß Soll- und Habenzins grundsätzlich zusammenfallen. Es ist daher auch nicht einzusehen, warum die Grundinvestitionen durchaus positive Kapitalwerte aufweisen können, während die Ergänzungsinvestitionen grundsätzlich einen Kapitalwert von Null haben sollen.

Häufig ist es jedoch sehr schwierig, die Kapitalwerte der Ergänzungsinvestitionen zu ermitteln. Es bleibt einem dann nichts anderes übrig als sie zu schätzen und zu prüfen, ob sich dadurch eine Änderung in der Rangfolge der Investitionen ergibt.

13. In Tabelle 12 ist $\frac{A_0}{EÜ} = \frac{100000}{28000} = 3{,}571$. Sucht man den entsprechenden Diskontierungssummenfaktor für $n = 5$ Jahre auf, so erhält man einen internen Zinsfuß von $r = 12{,}4\,\%$.

14. Es müssen die gleichen Überlegungen angestellt werden wie bei der Kapitalwertmethode (vgl. dazu Frage 12.). Die Investitionen werden hier an Hand ihrer internen Zinsfüße verglichen. Es ist jedoch offensichtlich, daß das Ergebnis des Vergleiches nur dann richtig ist, wenn unterstellt werden kann, daß die Ergänzungsinvestitionen den gleichen internen Zinsfuß aufweisen wie die zugehörige Grundinvestition. Die Voraussetzung ist aber wirklichkeitsfremd. Wie im Falle der Kapitalwertmethode bleibt daher im allgemeinen nichts weiter übrig, als die effektiv möglichen Ergänzungsinvestitionen in die Betrachtung einzubeziehen.

15. Die Kapitalwertmethode ist zur Lösung des Ersatzproblems nicht geeignet, da sie im allgemeinen zu einem vorzeitigen Ersatz der alten Anlage rät, obwohl dies nicht gerechtfertigt ist. Dies liegt daran, daß bei der alten Anlage nur die Einnahmen-Überschüsse während der Restlebensdauer zum Kapitalwert beitragen. Es geht ja allein darum, die künftigen Einnahmen und Ausgaben möglichst günstig zu gestalten. Einnahmen und Ausgaben, die bereits in der Vergangenheit getätigt wurden, sind nicht mehr korrigierbar. Bei der neuen Anlage tragen hingegen die Einnahmen-Überschüsse während der gesamten Lebensdauer zum Kapitalwert bei. Das führt dazu, daß der Kapitalwert einer alten

Anlage, wenn sie eine bestimmte Anzahl von Jahren in Betrieb ist, immer kleiner sein wird als der Kapitalwert einer neuen Anlage.

Die Methode des internen Zinsfußes ist zur Lösung des Ersatzproblems nicht geeignet, weil sich hier für die alte Anlage überhaupt kein interner Zinsfuß bestimmen läßt. Die Anschaffungsausgabe gehört der Vergangenheit an und geht daher in die Bestimmungsgleichung für den internen Zinsfuß mit einem Wert von Null ein. Wie sich leicht nachprüfen läßt, kann in diesem Falle kein interner Zinsfuß berechnet werden.

Als einzige der klassischen Methoden ist daher die Annuitätenmethode auf das Ersatzproblem anwendbar. Sie gleicht im Gegensatz zur Kapitalwertmethode Unterschiede in der Lebensdauer der alten und der neuen Anlage aus, indem sie mit durchschnittlichen Gewinnen arbeitet.

16. Rein theoretisch ist es denkbar, daß man die verschiedenen Kombinationsmöglichkeiten (in unserem Beispiel die Investitionen I + II, I + III sowie II + III) zu einer Investition zusammenfaßt und dann an Hand der Kapitalwertmethode, der Methode des internen Zinsfußes oder der Annuitätenmethode beurteilt. Wenn aber die Anzahl der Kombinationsmöglichkeiten zu groß wird, ist dieses Vorgehen nicht mehr praktikabel, weil der Rechenaufwand zu groß wird.

    Im Grunde gehen die neueren Verfahren mit Hilfe der mathematischen Programmierung nach diesem Prinzip vor. Ein großer Teil der Rechenarbeit kann dann dem Computer übertragen werden. Es hat jedoch andere Gründe, daß die hierbei erreichten Ergebnisse noch nicht allzu günstig sind (vgl. dazu den Abschn. Neuere Verfahren).

17. Eine Investition beeinflußt während ihrer gesamten Lebensdauer die Ausgaben und Einnahmen einer Unternehmung. Es kann darum nicht von vornherein, wenn die Finanzierung der Investition im ersten Jahr sichergestellt ist, gesagt werden, daß sie auch in den folgenden Jahren kein Anlaß für Liquiditätsschwierigkeiten ist. Ob dem so sein wird, ergibt sich letztlich aus der finanziellen Situation der Unternehmung insgesamt. Eine Rolle spielt dabei auch die Finanzierung der Investition selbst. Werden z.B. Kredite herangezogen, deren Laufzeit kürzer ist als die Lebensdauer der Investition oder deren Rückzahlungsraten den erwarteten Überschüssen zeitlich vorauseilen, so können in den folgenden Jahren durchaus Liquiditätsschwierigkeiten auftreten. Eine Sicherung der Liquidität läßt sich somit – wenn überhaupt – höchstens im Rahmen einer mehrperiodischen Gesamtplanung der Unternehmung erreichen (vgl. dazu Abschn. Neuere Verfahren).

    Darüber hinaus lassen sich gegen die Kapitalbudgetierungsmethoden die gleichen Einwendungen machen wie gegen die Kapitalwertmethode und die Methode des internen Zinsfußes beim Wahlproblem (vgl. dazu die Fragen 12. und 14.).

18. Unter dem Begriff Operations Research kann man die Summe mathematischer Verfahren verstehen, die zur Lösung wirtschaftlicher Probleme geeignet sind.

19. Die Methode der linearen Programmierung wird immer dann erforderlich, wenn eine Zielfunktion unter Beachtung einer Reihe von Nebenbedingungen zu maximieren bzw. zu minimieren ist, wobei zumindestens ein Teil der Nebenbedingungen in Form von Ungleichungen gegeben ist. Ein Planungsmodell der linearen Programmierung wird im allgemeinen mit Hilfe des sog. *Simplex-Algorithmus* gelöst. Diese Aufgabe wird den Rechenanlagen übertragen.

4. Repetitorium

1. Was ist Finanzierung?
2. Welche Umstrukturierungen der Aktivseite der Bilanz sind Finanzierungsvorgänge?
3. Was versteht man unter *Prolongation?*
4. Welche Möglichkeiten der Eigenfinanzierung gibt es?
5. Was haben Umschichtungs- und Selbstfinanzierung gemeinsam?
6. Ist Eigenfinanzierung Innenfinanzierung?
   Begründen Sie bitte Ihre Stellungnahme.
7. Welche Hauptpunkte sind bei allen finanzwirtschaftlichen Maßnahmen zu beachten?
8. Nennen Sie die Voraussetzungen und Grenzen des Leverage-Effektes.
9. Von welchen Größen hängt die Stärke des Leverage-Effektes ab?
10. Was ist Liquidität?
11. Welche Mängel hat die Liquiditätsanalyse auf der Grundlage der Bilanz?
12. Sichert die goldene Finanzierungsregel die Liquidität?
13. Wie müßte eine Vermögensgliederung aussehen, die auch die aus der Bedeutung der Vermögensgegenstände für den Betrieb entstehenden Risiken berücksichtigt?
14. Wodurch entsteht Kapitalbedarf?
15. Nennen Sie die sechs Hauptbestimmungsfaktoren des Kapitalbedarfs.
16. Nach welcher Näherungsformel kann man den Kapitalbedarf abschätzen?
17. Was ist ein Finanzplan?
18. Bei der Kapitalbedarfsermittlung durch den Finanzplan gilt für jeden Zeitpunkt die einfache Formel:

    Kapitalbedarf =

    ·/.

    (Bitte ausfüllen)

19. Wie setzt sich das Eigenkapital einer Aktiengesellschaft zusammen?
20. Was ist Selbstfinanzierung?
21. Erklären Sie, warum stille Selbstfinanzierung die Beurteilung der Rentabilität des Betriebes erschwert! Welche Effekte treten ein?
22. Inwiefern kann auch die Aufnahme von Fremdkapital die Unabhängigkeit der Betriebsleitung von den Kapitalgebern beeinträchtigen?
23. Nennen Sie Gesichtspunkte für die Gestaltung eines Darlehens als Rückzahlungsdarlehen bzw. als Annuitätendarlehen.
24. Nennen Sie die wichtigsten Kennzeichen eines Schuldscheindarlehens.
25. Welche Funktion hat das Disagio bei der Ausgabe von Schuldverschreibungen?
26. Wodurch unterscheiden sich Wandelobligation und Optionsanleihe?
27. Welche Arten des Lieferantenkredits kennen Sie?
28. Was ist bei der Umrechnung eines Skontosatzes in einen vergleichbaren Bankzinssatz zu beachten?
29. Wodurch kann ein Unternehmer auch dann veranlaßt werden, auf Zahlung unter Abzug von Skonto zu verzichten, wenn ihm noch einige Möglichkeiten zur Aufnahme kurzfristiger Kredite zu niedrigeren Zinssätzen offenstehen?
30. Inwiefern könnte man den Kontokorrentkredit teilweise als mittel- oder sogar langfristig gewährten Kredit bezeichnen?
31. Wie kommt es, daß bei den hohen Zinssätzen dennoch soviel Kontokorrentkredite in Anspruch genommen werden?
32. Was ist Diskontierung, was ist Rediskontierung?
33. Welche anderen Formen des kurzfristigen Kredits können mit der Ausstellung von Wechseln verbunden sein?
34. Was ist der Unterschied zwischen *Geldleihe* und *Kreditleihe*?
35. Nennen Sie Formen der Kreditleihe.
36. Was ist lombardieren?
37. Betreibt die Deutsche Bundesbank Lombardgeschäfte? Welche?
38. Was ist der Hauptnachteil im Lombardgeschäft, vor allem im Warenlombard?
39. Was ist Leasing? Welche Hauptformen kennen Sie?
40. Wodurch unterscheidet sich Factoring vom organisierten Teilzahlungskredit?
41. Welcher Geschäftsablauf kennzeichnet den Rembourskredit?
42. Was ist ein Akkreditiv?
43. Schildern Sie das Zustandekommen und die Voraussetzungen des Kapitalfreisetzungseffektes bei der Finanzierung aus Abschreibungsgegenwerten.

44. Was ist der Kapazitätserweiterungseffekt bei der Finanzierung aus Abschreibungen und wie kommt er zustande?
45. Welche Faktoren beeinträchtigen den Kapazitätserweiterungseffekt in der Praxis?
46. Was versteht man unter einer Investition?
47. Welche Arten von Investitionen kann man unterscheiden?
48. Was versteht man unter einer Investitionsrechnung?
49. Welche Aufgaben hat die Investitionsrechnung?
50. Welche Investitionsrechnungsverfahren kann man unterscheiden?
51. Wie ermittelt man die Durchschnittswerte im Rahmen der statischen Verfahren?
52. Welche Kostengruppen sind in der Investitionsrechnung von Bedeutung?
53. Wann ist ein Kostenvergleich an Hand der Kosten pro Jahr und wann an Hand der Kosten pro Stück durchzuführen?
54. Was ist im Rahmen der Kostenvergleichsrechnung beim Ersatzproblem zu beachten?
55. Wann ist ein Übergang von der Kostenvergleichs- zur Gewinnvergleichsrechnung erforderlich?
56. Worin besteht der Unterschied zwischen der Gewinnvergleichs- und der Rentabilitätsrechnung?
57. Welche Bedeutung ergibt sich für die Rentabilitätsrechnung daraus, daß zwischen abnutzbaren und nicht abnutzbaren Investitionsobjekten unterschieden werden muß?
58. Wie kann die Amortisationszeit berechnet werden?
59. Welche Zielsetzung hat die Amortisationsrechnung und welcher Nachteil ergibt sich daraus?
60. Welche statischen Verfahren sind zur Beurteilung einer einzelnen Investition geeignet?
61. Wodurch unterscheiden sich die dynamischen von den statischen Verfahren?
62. Wie ist der Kapitalwert einer Investition definiert?
63. Wie lautet die Formel für die Berechnung des Kapitalwertes bei gleichbleibenden Einnahmen-Überschüssen?
64. Was sagt der Kapitalwert ökonomisch gesehen aus?
65. Wann ist eine Investition nach der Kapitalwertmethode vorteilhaft?
66. Wie ist der interne Zinsfuß einer Investition definiert?
67. Wann ist eine Investition nach der Methode des internen Zinsfußes vorteilhaft?

68. Wie lautet die Bestimmungsgleichung für den internen Zinsfuß?
69. Warum muß bei der Berechnung des internen Zinsfußes interpoliert werden?
70. Wie lautet die Formel für die Berechnung des internen Zinsfußes bei gleichbleibenden Einnahmen-Überschüssen?
71. Wonach werden Investitionen bei der Annuitätenmethode beurteilt?
72. Was versteht man unter dem Wiedergewinnungsfaktor?
73. Was versteht man unter einer Annuität?
74. Wie werden die gesamten Einnahmen und Ausgaben einer Investition in eine Annuität umgewandelt?
75. Was versteht man unter dem Kapitaldienst einer Investition?
76. Wie lautet die Entscheidungsregel der Annuitätenmethode im Falle des Ersatzproblems?
77. Was versteht man unter der Aufstellung von Investitionsprogrammen?
78. Wie gehen die Kapitalbudgetierungsmethoden vor?
79. Warum ist eine Investitionsplanung nur sinnvoll im Rahmen einer Gesamtplanung der Unternehmung?
80. Welche Bestandteile hat ein Planungsmodell der linearen Programmierung?
81. Auf welche Weise wird das Problem der Einnahmenzurechnung im Rahmen der neueren Verfahren vermieden?
82. Welchen Mangel weist die Methode der linearen Programmierung auf?
83. Wann ist die Anwendung der statischen Verfahren sinnvoll?
84. Warum setzen die dynamischen Verfahren einen höheren Informationsstand voraus?
85. Warum sind die Ergebnisse der dynamischen Verfahren exakter?

5. Schrifttum

[1] *Bellinger, B.*: Langfristige Finanzierung. Wiesbaden: Gabler 1964.

[2] *Blohm-Lüder*: Investition. München: Vahlen 1974.

[3] *Gutenberg, E.*: Grundlagen der Betriebswirtschaftslehre. Die Finanzen. Bd. 3; 5. Aufl. Berlin, Heidelberg, New York: Springer 1972.

[4] *Hahn, O.*: Finanzwirtschaft. München: Moderne Industrie 1975.

[5] *Heinen, E.*: Industriebetriebslehre. Wiesbaden: Gabler 1972.

[6] *Jacob, H.*: Neuere Entwicklungen der Investitionsrechnung. Wiesbaden: Gabler 1964.

[7] *Janberg, H.*: Finanzierungshandbuch. 2. Aufl. Wiesbaden: Gabler 1970.

[8] *Kern, W.*: Investitionsrechnung. Stuttgart: Poeschel 1974.

[9] *Leffson, U.*: Programmiertes Lehrbuch der Investitionsrechnung. Wiesbaden: Gabler 1973.

[10] *Rittershausen, H.*: Industrielle Finanzierungen. Wiesbaden: Gabler 1964.

[11] *Schneider, D.*: Investition und Finanzierung. 4. Aufl. Köln, Opladen: Westdeutscher Verl. 1975.

[12] *Thiess, E.*: Kurz- und mittelfristige Finanzierung. Wiesbaden: Gabler 1964.

[13] *Vormbaum, H.*: Finanzierung der Betriebe. 3. Aufl. Wiesbaden: Gabler 1974.

6. Sachwortverzeichnis